刘国新·主编

读点国史

辉煌年代国史丛书

# 春潮涌动

## 1984年的中国

贺耀敏等 著

四川人民出版社

**图书在版编目（CIP）数据**

春潮涌动：1984 年的中国/贺耀敏等著. —成都：
四川人民出版社，2017.12（2024.7 重印）
（读点国史：辉煌年代国史丛书）
ISBN 978－7－220－10483－1

Ⅰ. ①春… Ⅱ. ①贺… Ⅲ. ①中国历史－1984
Ⅳ. ①K275

中国版本图书馆 CIP 数据核字（2017）第 278322 号

CHUNCHAO YONGDONG：1984NIAN DE ZHONGGUO

春潮涌动：1984 年的中国

贺耀敏等 著

| | |
|---|---|
| 策划组稿 | 谢 雪 |
| 责任编辑 | 董 玲 谢 寒 |
| 封面设计 | 张迪茗 |
| 内文设计 | 戴雨虹 |
| 责任校对 | 林 泉 |
| 责任印制 | 祝 健 |
| 出版发行 | 四川人民出版社（成都市三色路 238 号） |
| 网 址 | http://www.scpph.com |
| E-mail | scrmcbs@sina.com |
| 新浪微博 | @四川人民出版社 |
| 微信公众号 | 四川人民出版社 |
| 发行部业务电话 | （028）86361653 86361656 |
| 防盗版举报电话 | （028）86361653 |
| 照 排 | 四川胜翔数码印务设计有限公司 |
| 印 刷 | 四川五洲彩印有限责任公司 |
| 成品尺寸 | 165mm×240mm |
| 印 张 | 18.25 |
| 字 数 | 190 千 |
| 版 次 | 2018 年 6 月第 1 版 |
| 印 次 | 2024 年 7 月第 3 次印刷 |
| 书 号 | ISBN 978－7－220－10483－1－01 |
| 定 价 | 59.80 元 |

# 总　序

◎李　捷

## 肩负起以史为鉴、资政育人的神圣使命

《读点国史：辉煌年代国史丛书》主编刘国新同志要我为丛书写篇序。要说的很多，想来想去，还是从国史的地位和国史研究的意义说起。

2013年6月25日，习近平总书记在中共中央政治局第七次集体学习时提出：“学习党史、国史，是坚持和发展中国特色社会主义、把党和国家各项事业继续推向前进的必修课。”这就把党史、国史的学习、宣传和研究提到很高的地位。

学习、宣传和研究国史，有助于我们认清党和国家发展的历史方位，认清肩负的历史责任和神圣使命，更加坚定自觉地坚持和发展中国特色社会主义。中华人民共和国如今已经走过近七十年的光辉历程。这个光辉历程，是中华民族伟大复兴史的辉煌篇章。新中国的成立，标志着中华民族伟大复兴第一个历史任务的实现，中华民族的历史从此进入一个新纪元。但是，这只是万里长征走完第一步，中国共产党继续承担起为实现国家繁荣富强、

人民共同富裕的中华民族伟大复兴第二大历史任务。为此，我们完成了社会主义革命，进行了社会主义建设，进行了改革开放新的伟大革命，终于找到了中国特色社会主义这一实现中华民族伟大复兴的必由之路。重温这段历史就会发现，中国共产党领导、马克思主义指导、改革开放和中国特色社会主义道路，都是历史和人民的选择。中国革命、建设和改革为什么只能由中国共产党来领导，而不能由其他政党来领导？为什么中华民族伟大复兴只能以马克思主义为指导，而马克思主义又必须同中国实际相结合？为什么中国只能走社会主义道路，其他的道路为什么走不通？这些本需要从理论上用许多笔墨来阐释的道理，只要站在人民的立场上，紧密结合中国革命、建设和改革的历程，就不难得到解答。这本身就说明，科学理论的逻辑根植于历史发展的总趋势和总脉络之中。只要是站在人民大众的立场，而不是站在少数人的立场，秉承实事求是的原则，而不是抱有某些先入为主的偏见，就不难得出历史的结论。因此，国史同党史一样，都是认清历史方位、历史走向、历史结论最为生动的教科书。

学习、宣传和研究国史，有助于我们深入理解马克思主义中国化的探索史和发展史。新中国所取得的巨大成就，就在于执政的中国共产党是一个在理论上富于探索和创新精神的马克思主义政党。这种理论创新，根源于马克思主义指导，根源于马克思主义基本原理与实际的结合和运用，更根源于自身的历史和实践，根源于历史经验和实践经验的科学总结。马克思主义中国化，都是科学总结党和国家历史正反两方面经验的结果，都是在此基础上对中国革命基本规律、基本理论、基本路线、基本纲领、基本经验的认识产生新飞跃的结晶。改革开放以来逐步形成的党在社会主义初级阶段的基本理论、基本路线、基本纲领、基本经验、基本要求，也是在一代又一代党和国家领导人的带领下，经过不断艰辛探索，不断概括总结，不断推动理论创新和实践创新的基础上，接力发展得来的。尽管改革开放以前的探索经历过严重的曲折，直到党的十一届三中全会成功实现伟大的历史性转折之后，这一探索才真正走上了中国特色社会主义的康庄大道。但历史是不能割断的。改革开放以前成功的探索所提供的宝贵经验、理论准备、物质基础是宝贵财富，改革开放以前严重失误的探索所提供的历史借鉴同样是使我们党坚定不移地走上中国特色社会主义道路的宝贵财富。为什么说无论搞革命、搞建设、搞改革，道路问题都是最根本的问题？为什么说新中国的一切成就，归结到一点，就是开辟形成确立了中国特色社会主义道路、中国特色社会主义理论体系、中国特色社会主义制度？要正确回答这些问题，必须系统地而不是零散地学习研究共和国的历史，深入地了解党的治国理论是如何从自身的历史和实践中总结出来的，又是如何随着时代和实践的发展变化而不断丰富、完善、创新、发展的。因此，国史是深刻理解马克思主义基本原理和科学社会主义原理在中国的成功运用和创造性发展最为生动的教科书。

学习、宣传和研究国史，有助于我们深入把握历史发展的主题和主线、主流与本质，更加自觉地划清历史唯物主义同历史虚无主义的原则界限，增强辨别真伪、明辨是非的能力。新中国成立后我们也有过“大跃进”和“文化大革命”这种全局性的严重失误。然而，这些曾经给建设事业造成严重损失的失误，都依靠党和国家自身得到了彻底纠正。不仅如此，从这些失误中得到的教训，还转化为实现伟大历史转折、推动党在理论上更加成熟、成功开辟新路的宝贵财富。正所谓“吃一堑长一智”。只要我们把这些作为完整的历史过程联系起来看，既看到党和国家在艰辛探索中犯错误的历史，也看到党和国家自觉纠正错误探寻新路的历史，更看到党和国家在探索中走向成熟、走向辉煌的历史，就不难认清新中国历史的主题和主线、主流和本质。为什么说必须坚持改革开放前后两个历史时期的辩证统一，既不能用改革开放后否定改革开放前的历史，也不能用改革开放前否定改革开放后的历史，其深刻的道理就在这里。自中国共产党成立之日起，党团结带领全国各族人民为实现民族独立、人民解放和国家繁荣富强、人民共同富裕这两大历史任务而不懈奋斗，这就是国史的主题和主线。一部共和国史，就是党领导人民完成新民主主义革命和社会主义革命、进行社会主义建设和改革开放新的伟大革命的历史，就是不断推进马克思主义中国化，最终形成中国特色社会主义道路、理论和制度的历史，就是党在中国革命、建设和改革各个历史时期坚持全心全意为人民服务的宗旨、永葆先进性和纯洁性的历史。这就是国史的主流和本质。在这方面，通过拨乱反正实现伟大历史转折形成的第二个历史决议，为我们用历史唯物主义正确对待历史树立了榜样。历史反复证明，把握国史的主题和主线、主流和本质，不但不会妨碍对自身所犯错误的反思与纠正，而且正是彻底纠正错误、总结经验、吸取教训的科学前提。这正是历史唯物主义同历史虚无主义的根本区别。因此，国史是启迪人们从成功中吸取经验、从失误中吸取教训，不断开辟走向胜利的道路、提高领导水平和执政能力最为生动的教科书。

学习、宣传和研究国史，还有助于我们弘扬中国精神、凝聚中国力量，团结一切可以团结的力量，调动一切可以调动的积极因素，为实现民族复兴“中国梦”而奋斗。新中国在不同历史时期形成了雷锋精神、“铁人”精神、“两弹一星”精神、改革开放时代精神等，形成了理论联系实际、密切联系群众、批评和自我批评的优良传统作风。毛泽东、刘少奇、周恩来、朱德、任弼时、邓小平、陈云等老一辈革命家不仅亲手培育了这些精神和优良传统作风，而且身体力行、率先垂范，为我们党树立了坚持理想信念和党性修养的精神与道德的楷模。无论在发展顺利之时，还是身处逆境之时，中国共产党人始终秉持理想信念的力量，秉持崇高精神的力量，所向披靡，无坚不摧。中国共产党用牺牲了上千万英雄儿女的事实，用自身的先锋模范作用，用革命、建设和改革的辉煌业绩，用全心全意为人民服务的赤诚，感召了全中国各族人民聚集在中国特色社会主义旗帜之下，为实现民族复兴“中国梦”而共同奋斗。因此，国史是继承中华文明5000多年优良传统，坚持近代170多年以来形成的革命传统，在当代弘扬中国精神、凝聚中国力量最为生动的教科书。

研究国史是神圣的事业，一定要投入真感情。也就是说，不仅仅要把研究国史看成是一项工作，有科学严谨的研究方法和研究态度，更要把研究国史看成是一份神圣的事业，一份值得投入精力、倾注感情的事业。有了这份深厚的感情，才能有研究的动力和出发点，也才能取得经得住时间检验的科研成果。《读点国史：辉煌年代国史丛书》由一批国史研究领域的专家担纲撰写，他们有专业背景，曾承担过国家级重大课题，也都有个人的研究著述，形成学风严谨、功力扎实的品格。我相信这套丛书是他们用心写就的。

如今社会上存在着一种质疑国史和党史的倾向，这种质疑恰恰是对历史缺乏深入了解的结果。一方面，极少数人为了某种目的，想要刻意否定这段历史，因此就把历史上共产党人的缺点和错误无限夸大，这是一种歪曲历史的行为；另一方面，有些人以“历史解密”“历史内幕曝光”为噱头，在网上抛出许多没有依据的、鲜为人知的历史来吸引人们的好奇心和注意力，这也是对历史的一种误导。这套丛书以正史的姿态普及国史知识。它所选取的12个年份，是有影响和充实着重大事件的12年，构成了共和国历史的基本框架。该丛书采用纪事本末体，分别立传，既不歪曲历史也不误导读者。创作理念上以平实为要，不求新奇，不发空论。古代史学家刘知幾认为“良史以实录直书为贵”，顾炎武也说“古人作史有不待论断而于序事中即见其指者”，都讲的是论从史出的道理。该丛书秉承了中国史学的这一传统。在行文上力求鲜活、生动、明快。内容铺陈上又能做到严谨而不失于呆板，摆脱了偏重政治史的范式，特别注意对社会风尚、时代精神、民间习俗以及大众意识的描述，每一本书相对来说都有一个知识增量。

站在今天去理解历史、感知历史，可以更好地把握未来。我们在感知共和国脉搏律动的同时，也在书写共和国不同凡响的篇章。一位老同志曾经说过，共和国千秋万代，国史研究也千秋万代。让我们在千秋万代的事业中贡献自己的一点一滴。

# 总前言

◎刘国新

在中华人民共和国成立近七十周年之际，将自己多年的研究成果和心得付梓，是从事国史研究的专业人士理应做到的分内之事。

2013年6月25日，习近平总书记在中共中央政治局第七次集体学习时提出："学习党史、国史，是坚持和发展中国特色社会主义、把党和国家各项事业继续推向前进的必修课。"把党史、国史的学习提到各项事业前进的必修课的高度，这还是第一次。《读点国史：辉煌年代国史丛书》正是落实习近平这个号召的具体行动。它以正史的姿态普及国史知识，用它的品位在"读点国史"中尽一份社会责任。

这套《读点国史：辉煌年代国史丛书》选择在共和国历史上产生过重大影响或者引起社会加速发展并充实着重大事件的12个年份为时间节点，一年一本，各自成卷，构成了共和国历史的基本框架。

如果从完整的纪年看，1950年无疑是新中国的第一年。中国20世纪最伟大的女性、被人们称为"国之瑰宝"的宋庆龄，当年是中央人民政府副主席，她将1950年称作"第一年的新中国"。

这一年，我们的共和国到处洋溢着欣欣向荣的新气象。新社会、新政府、新生活、新天地……大到国家关系，小到百姓的日常起居，人们都实实在在地感受到新旧社会两重天，感受到中国的历史巨变。当然，这仅仅是开始，更为波澜壮阔的变迁还在后面。在共和国历史中，1950 年之所以具有里程碑意义，就在于它是“一元初始，万象更新”。

1954 年之所以是“大业宏图”，皆因这一年召开了第一届全国人民代表大会，毛泽东主持制定了共和国第一部宪法。中国第一次以大国身份出席重要的国际会议，提出划时代的和平共处五项原则，为建立国际关系新秩序奠定了坚实的理论基础和令人信服的实践基础。这一年又是过渡时期总路线公布后的第一年，公私合营和农业合作化运动，迈出了决定性的一步。

1956 年，社会主义改造全面完成。接下来召开的中共八大清醒地认识到我国无产阶级和资产阶级之间的矛盾已经基本解决，国内主要矛盾是人民对于建立先进的工业国的要求同落后的农业国的现实之间的矛盾，是人民对于经济文化迅速发展的需要同当前经济文化不能满足人民需要的状况之间的矛盾。为此，党和国家的工作重点就是把我国尽快地从落后的农业国建设成为先进的工业国。这一年，“双百”方针的提出，“向科学进军”的号召，使整个科学文化事业呈现出勃勃生机。1956 年的的确确是“意气风发”的一年。

从 1956 年至 1966 年的十年是共和国开始全面建设社会主义的十年。这其中既充满艰辛的探索，也不可避免地在探索中曲折发展。这十年间，有代表性的是 1962 年。年初召开的七千人大会，初步总结了“大跃进”以来的经验教训，对推动国民经济全面调整起到了积极作用。9月召开的党的八届十中全会未使“左”倾错误在经济工作的指导思想上得到彻底纠正，而在政治和思想文化方面还有发展。国内形势困难曲折，国际局势错综复杂。印度不断在中印边界制造事端，中国军队被迫自卫反击。中苏两党分歧加剧，国际共运的争论和分歧达到新阶段。用“关山飞渡”来概括这一年，较为贴切。



1976年可谓大悲大喜。“文化大革命”这一全局性的错误至此已进入第十个年头，三位伟人相继离世，“四人帮”倒行逆施，唐山大地震损失惨重，国民经济濒临崩溃边缘。中国人民在关乎国家与民族命运的大搏斗中终于再次赢得胜利。噩梦醒来，艳阳高照。所谓“激荡岁月”，暗含这一年各种矛盾胶着、较量，经历着动荡和激变，代表着正义的力量终于取得了胜利的那样一种状态。

1978年是共和国历史上经历伟大转折的一年。粉碎“四人帮”后，我党为肃清“左”的影响，为发展国民经济进行了大量的卓有成效的工作，但也遇到阻力。关于真理标准问题的大讨论，在全党再次确立了实事求是的思想路线。党的十一届三中全会的召开，在政治、思想、组织等领域全面开始了拨乱反正，揭开了改革开放的序幕，标志着一个新时代的开始，“伟大转折”成为新的起点。

1984年，农村改革使粮食产量第一次突破4亿吨，基层政权建设完成了政社分离，建立了乡政府和村民委员会，人民公社体制不复存在。党的十二届三中全会的决定突破了把计划经济同商品经济对立起来的传统观念，为经济体制改革提供了新的理论指导，改革的重点从农村转向城市。对外开放迈出新的步伐，开放14个沿海港口城市。根据“一国两制”的构想，中英两国政府签订了联合声明，香港问题圆满解决。这一年，可谓“春潮涌动”。

1992年，邓小平视察南方并发表重要谈话，从理论上深刻回答了长期困扰和束缚人们思想的许多重大问题。同年召开的党的十四大作出三项具有深远意义的决策：确立邓小平中国特色社会主义理论在全党的领导地位；明确我国经济体制改革的目标是建立社会主义市场经济体制；强调抓住机遇，加快我国经济社会的发展，推进改革开放跃上新台阶，中国改革开放的大船“迎风破浪”，驶上新的航程。

1997年，江泽民在党的十五大报告中，进一步阐述邓小平理论的历史地位和指导意义，进一步阐述党在社会主义初级阶段的基本路线和基本纲领，并就建设中国特色社会主义的政治、经济、文化作出全面部署，确定了跨世纪发展的宏伟蓝图，明确回答了国际国内普遍关注的邓小平逝世后中国怎样“继往开来”的重大问题。

2003年，是中国发展进程中重要而非同寻常的一年，也是改革开放和社会主义现代化建设取得显著成就的一年。以胡锦涛为总书记的新一届中央领导集体从改革开放25年的实践中、从抗击“非典”疫情的斗争中获得重要启示：坚持以人为本，树立全面、协调、可持续的科学发展观，促进经济社会和人的全面发展。从单纯追求经济增长，到促进经济、社会和人的全面发展，这是中国发展观的重大进步，适应了全面建设小康社会的迫切要求。

2008年，是深入贯彻落实党的十七大精神、推进“十一五”规划顺利实施的关键一年，也是我们应对国际经济形势复杂变化、保持经济平稳较快发展的重要一年。中国人民同心同德、顽强拼搏，成功抗击南方部分地区严重低温雨雪冰冻灾害和四川汶川特大地震灾害，成功举办北京奥运会，完成“神舟”七号载人航天飞行任务，举办第七届亚欧首脑会议，中国的经济实力和综合国力进一步增强，人民生活水平继续提高。中国人民同世界各国人民加强友好交流和务实合作，共同应对国际金融危机等严峻挑战，为维护世界和平、促进共同发展做出了新的贡献。这一年恰逢改革开放30周年，中国人民隆重纪念这一重要历史时刻，在总结经验的基础上对继续推进改革开放作出了部署。

2013年在新中国历史上值得书写，不仅因为这一年是新一届政府产生之年，而且因为执政的中国共产党的作风和纪律切实需要加以整顿，党内腐败蔓延正在侵蚀党的肌体，引起人民的强烈不满；改革开放到了深水区和攻坚期，如何让多年的改革开放成果惠及全体人民，而不仅仅是一句漂亮的口号；粗放的经济发展模式，付出了太多的资源和环境成本的代价，必须下大决心转变。这一年，以习近平为首的中共中央在治党治国治军、改革发展稳定的征程上都迈出了坚定的步伐。中华民族伟大复兴的“中国梦”是人民永续辉煌的不竭动力。

尽管有人把国史看作是中国历史“自然的延伸”，但我觉得国史与历代中国断代史还是有所区别的。中国是历史积淀异常深厚的国度，不仅历史悠久，而且史官文化高度发达，史籍经典延绵不绝，史志资料浩如烟海。按照中国史学的一般传统，是后人记前人事，盖因后人看前人更客观，档案文献的查找也更便利。但也不尽然。被鲁迅称为“史家之绝唱，无韵之离骚”的《史记》，其作者司马迁就生活在汉武帝时代，书中就曾记录了不少当时的人和事，无怪乎有人干脆称《史记》为“实录”（《汉书·司马迁》）。今天人讲今天事，当代人修当代史继承的就是中国史学的这一特殊传统，尽管在秉笔直书、正视历史真相方面多多少少还是有距离和难度的。但本套丛书还是做到了“存史”的目的。把过去发生的事情娓娓道来，写清楚它们的来龙去脉，应了孔子所说的“物有本末，事有始终，知所先后，则近道矣”和刘知幾强调的“良史以实录直书为贵”的要求。

这套国史丛书由一批国史研究领域的专家担纲撰写，他们有严谨的治学态度和深厚的学术功力，不会轻易受干扰和动摇。笔者相信这些著作会给读者以不同的感受。

# 目　录

**引　言 / 001**

## 第一章　我们的政策是富民政策

一、农村：经济体制改革的发祥地 …………………………… 006

◎与贫困奋斗几十年，依然贫困

◎小岗人的选择

◎安徽农村的星星之火

◎星星之火，可以燎原

二、中央一号文件：农村经济体制改革的战略部署 ……… 019

◎农民吃了定心丸

◎指导农业生产的基本方针

◎一个崭新的经济学概念

◎改革统购派购制度

三、乡镇企业：一枝独秀 …………………………………… 032

◎开拓市场经济的先锋

◎黄金时代的来临

◎农村现代化的主力军

◎未来的选择

四、人民公社：告别历史 …………………………… 039
◎风暴骤来
◎公社病大流行
◎悄然退场

## 第二章　运筹帷幄：揭开改革攻坚战

一、邓小平说：城市改革需要有更大的勇气……………… 049
◎城市改革更为复杂
◎要突破更多的禁区
二、城市综合改革试点 ………………………………… 050
◎扩大企业自主权
◎建立多种形式的经济责任制
◎商业系统改革
◎城镇个体经济兴起
◎进行城市经济体制综合改革试点
三、扭住中心：增强企业活力是城市改革的中心环节 …… 063
◎利改税走出了两步
◎企业必须整顿
◎厂长、经理上考场
◎“奖金不封顶”
◎厂长（经理）负责制
◎股份制试点：北京天桥首开先河
四、战略攻坚：《决定》出台 …………………………… 077
◎挑战与机遇：《决定》出台前的改革形势
◎宏图初展：《决定》出台
◎一石激起千层浪：外国舆论对《决定》的反响

五、宏图大展：十二届三中全会后的城市改革 …………… 084
◎各项改革措施纷纷出台
◎改革大潮万马奔腾
◎经济生活出现崭新变化

## 第三章　惊涛拍岸：沿海大开放

一、开放的大门不能关 ……………………………… 093
◎外面的世界很精彩
◎中国的发展离不开世界
◎比较出了差距
◎闭关自守教训深刻

二、办特区，就是要横下一条心 …………………… 099
◎体制“脱敏”与体制试验
◎边陲小镇起波澜
◎我们为什么要搞特区
◎特区就是要“特”

三、敢为天下先，蛇口工业区的创办 ……………… 102
◎李先念批准设“绿洲”
◎谷牧知难而进
◎“蛇口模式”名扬全国

四、打开国门，杀出一条血路 ……………………… 104
◎广东、福建欲先行
◎邓小平说：中央没有钱，你们自己去搞
◎谷牧为特区鼓与呼

五、春潮初起：邓小平第一次视察南方 …………… 111
◎邓小平决定亲自去看一看

◎“我们建立经济特区的政策是正确的”

六、明珠成串：开放14个沿海城市 ………………………… 116

◎开放是大势所趋，人心所向

◎春风又绿江南岸

◎谁持彩练当空舞

七、连线成片：建立沿海经济开放区 ………………………… 123

◎桥头堡要起跳板作用

◎外引内连，沿海连片

◎经济开放区新模式

八、石破天惊：海南大特区的兴起 ………………………… 129

◎南海上镶嵌着的明珠

◎开发海南计划细琢磨

◎“20年后赶上台湾”

◎特区大省：小政府，大社会

◎大胆借鉴台港澳经验

## 第四章　营造政通人和的新局面

一、政治改革的关键一步：新干部的培养和扶持………… 138

◎“搞改革的都会得到党和政府的支持”

◎具有战略部署意义的干部培养要求

◎组织部门的重任：把改革者推上来

二、管好干部管好党 ………………………………………… 145

◎整党与清理“三种人”

◎彻底否定“文化大革命”

◎调整领导班子

◎严禁干部经商办企业

三、调动一切积极因素 …………………………………… 155
◎欢欣鼓舞的局面
◎民主党派共议国事
◎调动一切积极因素建设现代化
四、历史的创举：县乡人大代表的直接选举……………… 158
◎直接选举制度的创设
◎深远的社会意义和制度创新影响

**第五章　百万大裁军**

一、对国际形势的新估计：大仗打不起来………………… 164
◎邓小平说："如果工作做得好，战争是可以避免的"
◎美苏两家军事均衡
◎力量对比：和平超过了战争
二、国防新定位——服从国家建设大局 ………………… 169
◎节省"人头维持费"
◎军队直接参加经济建设
◎国防军工结构实现军民一体化
三、寓兵于民的创制：民兵与预备役相结合……………… 174
◎群众武装大发展
◎预备役部队的兴起
◎大中学生接受军训
四、创新之举：培养军地两用人才 ……………………… 179
◎让战士既能打仗又能搞建设
◎一兵多能：方法多，路子广
五、初显神威：国防建设走向现代化 …………………… 188
◎军队建设以现代化为中心

◎武器装备现代化
◎国防体制现代化
◎国防人才现代化
◎军事思想和军事理论现代化

## 第六章　围绕香港回归的“智斗”

一、艰难的谈判 …… 196
◎历史性的会谈
◎中英初次交锋
◎从谈判桌到街头：第二阶段会谈的曲折发展
二、中国政府不是晚清政府 …… 207
◎针锋相对的原则立场
◎缠斗不休的细节安排
◎峰回路转的结局
三、我们要在香港驻军 …… 218
◎严正的主张
◎艰苦的谈判
◎公理终必高扬
四、《中英联合声明》的签订 …… 222
◎联合声明协议的最终达成
◎香港过渡期的开始
◎历史性的文件：《中英联合声明》
◎百年国耻，一朝得雪

## 第七章　活跃在世界舞台上的中国

一、和平与发展是当今世界的两大主题 …………………… 234

◎新的战略判断

◎实现战略目标的手段

◎正义的呼声：中国关于建立世界新秩序的主张

二、新中国在世界外交舞台上 ……………………………… 245

◎高举维护世界和平的旗帜

◎站在第三世界一边

◎坚持和平共处五项原则

三、一年来中国对外关系的新进展 ………………………… 252

◎同英国签署关于香港问题的协议

◎积极加强同亚洲各国的友好合作关系

◎发展同苏联东欧各国的友好合作关系

◎加强同包括美国在内的发达国家的关系

◎加强同非洲和拉丁美洲发展中国家间的团结合作

◎积极开展多边外交活动

**结　语 / 263**

**后　记 / 268**

# 引　言

1984 年是春潮涌动的一年。这一年，亿万中国人民发自内心的欢歌笑语，荡漾在长城内外、大江南北。中国人民感受到了多年来所没有感受到的轻松、欢快、安乐、祥和，一个属于人民的新时代正在到来。

中国人民欢呼，欢呼改革开放的伟大决策终于揭开了中国经济持续、健康、快速发展的新时代：农村经济体制改革率先开展，在中国农村中长期实行的“一大二公”的集中计划经济体制终于被撕开了一个口子，取得了历史性的突破，家庭联产承包责任制和统分结合的双层经营体制逐步确立起来，中国广大农村出现了前所未有的生动活泼的局面。城市经济体制改革也迈出了关键的一步，从扩大国有企业自主权开始，通过在企业中实行承包制等多种责任制形式，推动了国有企业内部管理、人事、劳动、分配等各项制度的改革，城市的经济发展活力被大大激活了。对外开放使我们更加清醒地看到了与西方发达国家的经济发展差距，也看到了争取快速发展的机遇。相对较为有利的国际环境使我国对外开放的规模和领域不断扩大，一个以经济特区、沿海开放城市和沿海开放区为特色的对外开放新格局初步形成。改革开放使中国大地变成了沸腾的热土！

1984年是标志的一年，中国的经济体制改革的大幕徐徐拉开，中国更加主动地向世界敞开了大门，中国特色的社会主义显示了空前的活力。这一年前后，我们看到了太多的深刻变化：一切有利于中国建设与发展的先进技术和管理经验，我们都大胆地学习和借鉴；一切东西都要先问个姓“社”和“资”的思维定式被人们逐渐抛弃，中国经济与世界经济接轨的步伐不断加快；科学技术是第一生产力、科教兴国的理念日益深入人心，尊重知识、尊重人才蔚然成风，科学技术和教育事业开始蓬勃发展；军队和国防建设服从并服务于经济建设这个大局，在新的形势下，人民解放军捍卫国家主权，维护社会稳定，保障经济建设，在加快现代化建设的同时，走上精兵之路；“一国两制”为祖国统一大业创造了现实途径，中英两国签署联合声明，结束英国在香港的殖民统治指日可待了；我国在国际事务中坚持独立自主的外交政策，积极发展同广大发展中国家的关系，改善同西方和东欧各国的关系，在世界政治经济生活中发挥着越来越重要的作用……

更为可贵的是，中国特色社会主义道路的探索在这一年取得了显著的突破。这一年10月召开的中共十二届三中全会通过了《中共中央关于经济体制改革的决定》（以下简称《决定》），邓小平对这个《决定》给予了高度评价，说它是“马克思主义基本原理与中国社会主义实践相结合的政治经济学”。实际上回顾改革开放这三十多年，中国的发展道路就是在这样一步一步的探索中前进的，诚如邓小平所说的是“摸着石头过河”。万里在回忆改革开放历程的时候曾经说：“有中国特色的社会主义怎么搞？谁知道！还不得不‘摸着石头过河’。石头是什么？就是实践，就是群众，就是要到实践中去摸群众的意愿、群众的要求，摸清历史的脉搏、历史的趋势。”①

1984 年是难忘的一年。



① 万里：《农村改革是怎么搞起来的》，见《改革开放口述史》，中国人民大学出版社 2014 年版，第 18～19 页。

# 第一章

# 我们的政策是富民政策

## 春潮涌动——1984 年的中国

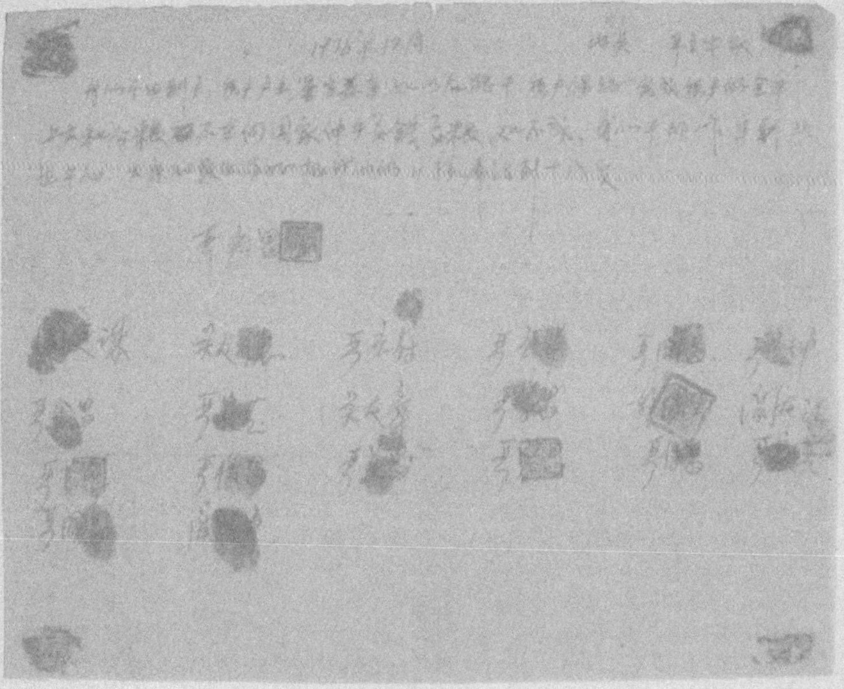

## 一、农村：经济体制改革的发祥地

◎与贫困奋斗几十年，依然贫困

◎小岗人的选择

◎安徽农村的星星之火

◎星星之火，可以燎原

中国农村是中国近现代革命的发祥地。走农村包围城市的武装斗争道路，夺取全国政权，建立新民主主义的新中国，被誉为中国近现代的第一次革命；而以农村家庭联产承包为标志和突破口，蓬勃展开的中国经济体制改革，被誉为中国近现代的第二次革命。农村总是最早点燃中国社会变革的火种。

改革之所以发祥于农村，就是因为农村生产力太落后，农民太穷，穷则思变。

我国是一个农业大国，种植业是农业的主体，粮食生产又是种植业的主体。所以粮食的生产与供应对于我国来说至为重要，是我国农业经济发展水平主要的指示器。

粮食生产攸关我国的稳定与安全，党和政府一直十分重视粮食生产。新中国成立后，在粮食生产方面也取得了相当大的成绩。无论是粮食单产还是粮食总产，都有相当幅度的提高。我们确保了粮食生产的稳定增长，其增长幅度在世界上也是很高的。例如，1957 年的粮食总产量为 19505 万吨，1978 年的粮食总产量为 30477 万吨。但在同期，我国的人口迅速增长、人口总数也大幅度增加。粮食和人口基本上是以同样的速度在增长，粮食紧张的局面始终没有改变。例如，1957 年的人口总数为 64653 万人，1978 年的人口总数为 96259 万人。1957 年人均占有粮食为 300 公斤，1978 年人均占有粮食还是 300 公斤。也就是说，虽然经过 21 年的努力，人均占有粮食的水平并没有提高。

粮食首先是基本生活必需品，粮食总量不足，粮食的人均占有水平很低，使我国长期陷于粮食供给不足的困境，人民群众的吃饭问题没有得到根本解决。我国有几亿人口从事粮食生产，但是我国的粮食问题却没有真正解决。

原因还得从农业自身去寻找。在新中国成立初期确立的计划经济体制和国家工业化战略之下，农村经济长期处于低速发展状态，严重滞后于整个国家的经济发展。实际上，我国农村长期处于自给自足的自然经济状态，商品经济的发展水平十分有限。“文化大革命”期间，农民从集体分配中得到的人均年收入一直在 60 元左右。1976 年农民人均分配只有 62.8 元，其中现金仅占 23.7%，即每人只有 14.9 元。[①] 这只是平均数，相当多的贫困地区还不足此数。农民手中握有货币量的多少，是农村购买力的标志。农民手中的货币如此之少，等于堵截和关闭了我国工业品的农村市场，限制和隔断了城乡经济的联系。由于我国农村人均收入水平低，文盲、半文盲众多，广大农村在狭小的自然经济范围内形成一种恶性循环：越是无力提高文

① 贺耀敏等：《市场经济新机遇》，中国人民大学出版社 1993 年版，第 55 页。

化科学技术水平，越不能提高劳动生产率，就越是贫穷。

农民陷于贫困，集体也不富裕。1978 年，人民公社基本核算单位的纯收入中扣除国家税收和分配给社员的部分，集体提留 103 亿元，其中公积金 74.84 亿元，公益金 18.12 亿元。当年全国有 481.6 万个基本核算单位，即生产队。平均每个生产队的集体提留为 2137 元，其中公积金为 1762 元，公益金为 375 元。也就是说，一个生产队一年能用于扩大再生产的资金仅有 1762 元，这就是一个生产队的经济实力。我国农村经济的发展是极不平衡的，有些地方不要说扩大再生产，就是简单再生产也无法维持。

导致农村经济长期处于落后和停滞局面的根本性原因，就是农业生产力十分落后和计划经济体制日趋僵化。长期以来，在社会主义初级工业化阶段，为了人为地加快工业化进程，就必须提高资本积累能力和更为有效地分配稀缺资源。在内无充足基础，外无大量外援的背景下，只有把集中农业剩余资金作为提高资本积累能力的主要手段。而在农业剩余资金集中的方式上，我国又不具备通过经济诱导方式，即通过金融机构动员储蓄的民间积累方式来实现，因此，只能通过经济强制手段，即通过国家行政力量和财税系统，集中剩余的国家积累来实现。在我国，这种经济强制又主要是通过设置工农业产品价格“剪刀差”来实现的。据测算，农业部门每创造 100 元价值，通过价格机制转移到工商部门实现的量是：1952 年 17.9 元，1957 年 23 元，1978 年 25.5 元，1984 年 10 元。累积下来，从 1952 年到 1984 年的 32 年间，我国农民无偿地向国家提供了

8000 亿元左右的积累资金。[①] 而 1984 年我国国有企业的工业固定资产总值也大约是 8000 亿元。这一事实表明，我国的现代化工业体系，在很大程度上是靠农民兄弟的脊梁支撑起来的。

长期保持这种工农业产品价格“剪刀差”，必将极大地挫伤广大农民群众的生产积极性。为此，国家先后推行了农产品统购派购政策和建立受国家控制的农村经济组织。其结果，国家对工业和城市的偏好使工业部门得到大量剩余，城市经济相对于农村经济得到明显发展，而农业和农民的大量剩余在转移到非农业部门和行业的情况下艰难维系。面对这样的困境，我国农民和政府应该怎样处理这一现实问题呢?

问题能否解决，总是取决于解决问题的条件是否成熟。

到 20 世纪 70 年代末，有两方面的条件推动着我国农村可以摆脱原有的经济发展模式，探索新的经济发展道路。一是政治上的条件。即粉碎“林彪、江青反革命集团”、结束“文化大革命”之后，我们党有可能改变新中国成立 30 年来日趋严重的“左”的错误，下定决心彻底解决我国经济生活中的困难与失误，实现我国发展道路的历史性转折。历史也正是这样，在邓小平的支持和领导下，我们党开始了彻底纠“左”的思想解放运动，提出并确立了实践是检验真理的唯一标准这一鲜明的马克思主义观点。这为农村的变革奠定了思想基础。二是经济上的条件。历经磨难的我国农村到 20 世纪 70 年代末已是问

① 杨江：《建国以来十大经济热点》，中国经济出版社 1995 年版，第 55 页。

题如山，困难重重，农业生产长期徘徊不前，农民生活没有明显改善，农村经济陷于困境。全国农村交完征购粮后，余粮人均不足300斤，全国约有两亿农村人口没有解决温饱问题。农民群众有着改变现状的强烈要求，能不能满足农民群众的要求，关系着农村的稳定。这成为我国解决农村发展问题和农民吃饭问题的当务之急。

在这种情况下，农民兄弟悄然无声地开始了撬动中国持续几十年的改革行动。

安徽省走在了全国农村改革的最前列。

安徽是一个生产力落后的农业大省，农村人口占全省人口的比例长期以来都在88%以上。农民的状况如何，对于安徽省的社会主义建设事业关系极大。新中国成立初期，农业生产发展比较快。但是从1958年之后，由于“左”的错误严重泛滥，导致安徽农业连续3年减产，农民生活极端困难。1961年2月，中共安徽省委在合肥郊区蜀山公社新庄生产队进行田间管理责任制试点。3月20日，安徽省委书记曾希圣给党中央、毛泽东写信，介绍了安徽“定产到田，责任到人”的生产责任制，得到了毛泽东的首肯。到这年秋末全省有85.4%的生产队实行了“责任田”的办法。但是，这个办法试行一年即被当作“单干风”而强行纠正。随之而来的是农村“四清”和“文化大革命”，农民群众的探索被终止了，人民公社管理体制的弊端日益严重，挫伤了农民的生产积极性，农业生产重新陷入困境。到1977年，全省人均粮食占有量仅342公斤，比1955年人均还少18公斤，农民人均分配收入仅60元。人民公社“一大二公”的体制已经成为发展农业生产的严重障碍，安徽农民不得不再一次探索农业的发展道路。

1977 年 6 月，万里到安徽担任省委第一书记。安徽是个农业大省，又是“左”倾错误的重灾区。万里坚持实事求是，坚决拨乱反正，使安徽的工作发生了根本变化，经济工作中“左”的错误开始得到全面纠正。他回忆说：“全省 28 万多个生产队，只有 10%的生产队能维持温饱；67%的队人均年收入低于 60 元，40 元以下的约占 20%。我这个第一书记心里怎么能不犯愁啊？而北京有些不了解实际情况的官老爷，还在大喊大叫‘把普及大寨县推向高潮’‘决战三年，实现农业机械化’，一再强调这才是中国农业的出路。这不是瞎折腾嘛！”[①] 11 月，省委制定了《关于当前农村经济政策几个问题的规定(试行草案)》(简称省委“六条”)，省委“六条”提出：农村一切工作要以生产为中心；尊重生产队的自主权；允许农民搞正当的家庭副业，产品可以拿到集市上出售；生产队实行责任制，只需个别人完成的农活可以责任到人等。1978 年 2 月，省委重申农业生产大忙季节，要以农业生产为中心。这些文件和决定一和群众见面，就受到了热烈的欢迎和拥护。此后，安徽各级领导和广大农民进行了艰巨而成功的探索。

安徽省固镇县曹老集公社刘台生产队早在 1977 年就悄悄搞起了责任制，名字叫“不动磙子作物包产到户”[②]。1978 年春，来安县烟陈公社魏郢生产队兴起了包产到组，当年还在全

① 《改革开放口述史》，中国人民大学出版社 2014 年版，第 11～12 页。

② 所谓“不动磙子作物”是指山芋、花生、烟叶等，脱粒不需要用石磙。

椒、芜湖等地 1200 多个生产队中出现了不同类型的承包制。但规模大、影响大并发展成为 20 世纪 80 年代农民全面改革的是六安地区肥西县的包产到户责任制和滁州地区凤阳县的大包干责任制。

1978 年安徽省恢复实行农业生产责任制的直接动因是从借地给农民进行秋种开始的。这一年安徽省遭到百年不遇的大旱，这使农村秋种遇到了很大的困难，耕地龟裂，小麦、油菜种不下去。省委经过调查研究，号召全省农民千方百计地每人种半亩“保命麦”。并明确指出：集体无法耕种的土地，可以借给社员耕种，还鼓励社员开荒种麦，谁种谁收，国家不征公粮，不分配征购任务，即实行“借地度荒”的非常措施。

六安地区肥西县山南区是旱情严重的一个区。山南区黄华大队群众表示，实行“三包到底、责任到人”的老办法，就能把小麦种足、种好。区委领导默许了人民群众的要求，这个队就搞了起来。每个劳动力包种 1.5 亩小麦，每亩给生产费 3 元，每亩定产 200 斤，记 200 个工分。群众非常拥护这种做法，积极性迅速调动起来。许多社员在牛都犁不动的田里，硬是用大锹翻地，有的在晚上点着煤油灯干，一连在田里奋战三四个昼夜，把小麦种下去了。到 11 月底，全区共种了 10 万亩小麦、2.2 万亩油菜、2.74 万亩绿肥，几乎消灭了冬闲田，比往年超种近 1 倍。

但是这种做法究竟是不是合法，能不能行得通？当时干部和群众的心里都没有底。1979 年 2 月，省委派工作队到山南区山南公社宣讲十一届三中全会精神和两个农业文件。[1] 当了解了十一届三中全会精神和两个农业文件的内容之后，大家纷纷表示十一届三中全会好，中央制定的两个农业文件好。在谈论怎样使农业生产发展得快一些时，群众纷纷表示："真要把生产搞上去，1961 年包产到户的办法最灵，最好!"万里在听到群众的这种呼声时说，让山南公社搞个试点吧！搞错了，只是一个公社，没有关系，不收粮食，调粮食去。过去批过的东西，有的可能是错误的，也有的可能是正确的，到底正确与否，要靠实践来检验。万里提议，省政策研究室派人在山南搞包产到户责任制的试点，先搞一年看看。

1979 年 4 月，全区 1006 个生产队，已有 610 个实行包产到户，到麦收时发展到 781 个，占 77%。到 1979 年夏收，山南区包产到户试点取得了出人意料的好成果，麦子总产 1005 万公斤，比 1978 年增长 265%，一举创造历史最高纪录。到 7 月底，完成征购任务 55745 万公斤，比 1978 年增长 5.7 倍。有的生产队小麦的产量是过去五六年的总和。山南区包产到户试点取得骄人成绩的消息一传开，肥西县各区就跟着搞起来。1979 年 8 月，全县已有 50%的生产队实行包产到户，到 1979 年年底达到 96.7%。

与此同时，安徽省滁县地区凤阳县则进行了大包干试点。凤阳县在历史上就是个十年九荒的穷县。1953－1978 年的 26 年中，全县向国家交售粮食 6 亿公斤，而国家供应返销粮食

① 即十一届三中全会原则通过的《中共中央关于加快农业发展若干问题的决定（草案）》和《农村人民公社工作条例（试行草案）》。

7.8亿公斤，纯调进粮食1.8亿公斤；同一时期，国家发放救济款5200万元，各种贷款1800万元。凤阳县是出了名的“三靠县”（“三靠”即吃粮靠返销，花钱靠救济，生产靠贷款）。1977年12月，陈庭元到这里任县委书记，揭开了凤阳农村改革的大幕，走出了一条大包干的道路。1978年，凤阳农村全面推行“一组四定”[①]。但是群众认为这种方法仍然不能克服劳动计酬上的平均主义，他们想把劳动计酬和产量直接联系起来，搞联系产量责任制。该县马湖公社在全县第一个搞起了“分组作业、以产定工”的“联产计酬”生产责任制，“联产计酬”为凤阳大包干的出现提供了范式。凤阳大包干的出现，正是在马湖公社“联产计酬”的基础上跨出关键性、决定性的一步的。同时，梨园公社石马大队小贾生产队年底分红时采取的办法更为有效，即该给国家的给国家，该留集体的留集体，剩下的归小组分配。这种办法比“联产计酬”更好，干部群众更容易接受。这个办法采用“包”到底的办法，就是“大包干”。“大包干”受到群的热烈拥护，很快在全县范围内推行。实现包干到组的凤阳县，农业生产一片欣欣向荣。1979年粮食增长49.1％；油料产量1200多万斤，比1978年增长161％；征购任务超额完成54.4％，纯调出粮食2000万公斤；集体积累比1978年增加82.6％，社员分配人均99.98元，比1978年增长48.7％。

---

① “一组四定”是在坚持“三级所有、队为基础”的基础上，以生产队为基本核算单位进行统一分配的一种生产责任制。“一组”即把全队分为若干个作业组；“四定”是定任务、定时间、定质量、定工分。

“大包干”到组实行后，虽然显示了巨大的威力，但是也出现了新的矛盾。生产“大呼隆”没有了，“吃小锅饭”依然存在。因此，到了1979年夏收以后，不少社队的社员纷纷要求调换作业组，也有的作业组分为二三个组。1979年是“大包干”到组在凤阳推行的第一年，也就是在这一年，在梨园公社小岗队却产生了一种更受群众欢迎的生产责任制——包干到户。

小岗生产队有20户人家115人。1979年农历正月的一天下午，副队长严宏昌召集全体社员在严立华家里开了一次“秘密会议”，20户社员除2户无人在家外，其余18户全部到齐。一致通过三条规定：第一，实行大包干到户，“瞒上不瞒下”，不许任何人向外透露；第二，缴纳粮油时，该是国家的给国家，该是集体的留集体，不准任何人到时候装孬；第三，万一走漏风声，严宏昌为此而蹲班房，全队社员共同负责把他的孩子抚养到18周岁。三条规定便成了小岗生产队包干到户的“章程”。“章程”写好后，社员们表示决不反悔，并在“章程”上按下了18个手印。小岗村的做法在陈庭元的授意下，再次采用了不公开的办法，这样就将包干到户保住了。小岗队的包干到户经过一年的实践，获得了自1957年以来第一次空前的大丰收。这一年，粮食总产6.6万公斤，等于以往五年的总和；油料总产17600公斤，是过去20年的总和；向国家交售粮食1.25万公斤、油料12466.5公斤，超过征购任务20倍；并且第一次还国家贷款800元，社员分配人均200元，一跃成为全县冒尖队。1980年1月24日，万里到小岗视察，当场就肯定了小岗人的做法。

在1979年以后，农村生产责任制经历了从联产到组到联产到劳，再到联产到户（即包产到户），最后发展到包干到户的演变过程，形成了以家庭承包为主要形式，兼有少数其他责任制形式的格局，以适应各种不同条件和地区的生产与管理水平。以家庭联产承包责任制为主要形式和内容的农业生产责任制，是一种既发挥集体经济优势、又发挥农民生产积极性的集体统一经营与农户分散经营相结合的双层经营体制。在这种经营体制下，一方面，集体仍然承担着相当一部分为农民单家独户难以胜任的经营管理职能，如管理集体的土地、大型农机具和水利设施等，负责经营集体所有的工副业，为农户的生产经营提供服务，协助国家落实并监督完成生产任务；另一方面，农民家庭成为农村生产经营的主体，占有除土地以外的大部分生产资料，独立从事生产经营，并直接与市场发生关系，它是农村中最基本的生产单位和经营单位。

家庭联产承包责任制在实践中显示了多方面的优越性。第一，明确划分了国家、集体、个人的权、责、利关系，建立和健全了有效的生产组织和劳动组织形式，协调了人们在生产过程中的分工和协作关系，从而从根本上克服了以往生产劳动管理混乱和收入分配平均主义的弊端。第二，解决了多年来集体经济内部长期无法解决的诸如官僚主义瞎指挥、用行政命令代替客观经济规律等问题，使经济效益直接与生产者自身利益相联系，从而调动了农民群众的积极性。第三，家庭联产承包责任制适合我国农业发展水平和特点，有利于充分利用我国农村各种经济社会资源，既能机动灵活地从事生产经营，又能充分发挥劳动力资源丰富的优势。

家庭联产承包责任制的发生和蓬勃发展，是与党中央的及时肯定和大力支持分不开的。1980年9月在中央发出的《关于进一步加强和完善农业生产责任制的几个问题》中，就明确提出：在“三靠”地区实行包产到户，是联系群众、发展生产、解决温饱问题的一种必要措施，它依存于社会主义经济，不会脱离社会主义轨道，没有什么复辟资本主义的危险。1981年10月全国农业工作会议通过的会议纪要，高度评价了出现不久的农业生产责任制，明确指出农村实行的各种责任制都是社会主义集体经济的责任制。党的十二大的政治报告强调，生产责任制必须长期坚持下去，决不能违背群众的意愿轻率变动，更不能走回头路。为了及时解决农业生产和农村工作中出现的新问题，推动农村经济体制改革，中共中央于1982－1984年三年中，连续于每年1月份发布关于农村政策和农村工作的一号文件。三个一号文件对于推动和引导农业生产责任制的健康发展起了重要作用。到1984年，我国农村基本上实现了家庭联产承包责任制。

为了促进家庭联产承包责任制长期稳定发展，鼓励农民增加对土地的投资，以培养地力，实行集约经营，1984年中央提出延长土地承包期，一般应在15年以上，同时允许承包地有偿转让。这时，我国农业生产又出现一些新的发展趋势。如大力发展农村各种社会化服务，在一些地方开始试行土地规模经营以及发展科技密集型立体农业等。农业部有关部门的调查表明，家庭经营仍是我国农业生产的主要形式，是农村基础产业的支柱。15 年后的 1990 年，承包经营农户占农村总户数的 96.3%；家庭承包经营的耕地面积占耕地总面积的 98.6%；农村经济第一产业收入的 95.4%来自家庭经营；在农村各经营层次中，家庭经营收入占农村经济总收入的 58.6%。这一年，全国有 208.9 万户转包或转让了土地，不到总农户数的 1%。稳定发展农业必须稳定农村政策，这一宝贵的历史经验已经成为党中央和广大农民的共识。

家庭联产承包责任制的普遍推行，取得的成果是惊人的。从实行承包制之初的 1979 年开始到 1984 年，我国农业连续获得丰收。尤其是 1984 年，我国农业生产进入了历史性转折。这一年，全国粮食总产量首次突破 4000 亿公斤大关，达到 4071 亿公斤，比 1949 年增长 1.6 倍，比 1983 年增长 5.1%，超过“六五规划”粮食生产指标 3600 亿公斤的 13.1%。全国人均占有粮食 400 公斤，第一次达到世界平均水平。① 全国粮食供求紧张的状况发生了根本改变，困扰共和国几十年的人民吃饭问题基本得到解决，并实现低消费水平的相对剩余。至此，我国粮食生产由自给半自给状态进入了商品生产的新阶段。这种历史性的伟大成就必将连同家庭联产承包责任制一起，永远载入共和国的史册。

① 《中国经济年鉴》（1985 年），经济管理出版社 1985 年版，V—1。

## 二、中央一号文件：农村经济体制改革的战略部署

◎农民吃了定心丸

◎指导农业生产的基本方针

◎一个崭新的经济学概念

◎改革统购派购制度

如果说1978年在安徽部分地区试行责任制还带有群众自发的色彩的话，那么，进入20世纪80年代以后的农村经济体制改革，则是在党的正确的农村政策的指导下进行的。党对农村经济体制改革的战略部署，集中反映在从1982年开始的几个一号文件上。1984年我国农业出现历史性的发展，正是在三个中央一号文件精神的鼓舞下取得的。

家庭联产承包责任制是八亿农民的伟大创造，它充分展示了中国农民的首创精神，为我国农村经济的发展开辟了新的道路。但家庭联产承包责任制的稳定和发展，却是与党中央的及时支持和肯定分不开的。

针对一部分人把包产到户视为分田单干的观点，早在1980年5月31日，邓小平在谈到农村政策时就指出："农村政策放宽以后，一些适宜搞包产到户的地方搞了包产到户，效果很好，变化很快。……有的同志担心，这样搞会不会影响集体经

济。我看这种担心是不必要的。”[①] 同年 9 月，中央 75 号文件《关于进一步加强和完善农业生产责任制的几个问题》对包产到户作了肯定。但是，当时主要还是认为包产到户不适宜在全国广大农村推广，而是“在那些边远山区和贫困落后的地区”，“可以包产到户，也可以包干到户，并在一个较长的时间内保持稳定。就这种地区的具体情况来看，实行包产到户，是联系群众，发展生产，解决温饱问题的一种必要的措施”。这份文件还指出：“在生产队领导下实行的包产到户是依存于社会主义经济，而不脱离社会主义轨道的，没有什么复辟资本主义的危险，因而并不可怕。”[②]



包产到户比包产到组更有利于调动农民的积极性。随着农村责任制的推广，不少地区又积极发展包干到户的责任制形式，这种形式利益最直接、责任最明确、方法最简便，因此更受群众的欢迎。包干到户，取消了工分，按合同交够国家的，留足集体的，剩下都归自己。农民称赞道：“大包干，大包干，直来直去不转弯”“联产如联心，联谁谁操心”。保证家庭联产承包责任制长期稳定不变，是广大农民群众和党中央都十分关心的问题。

1981 年 12 月，中央召开全国农村工作会议，就农业生产责任制、农村商品流通等问题进行了研究。中共中央同意全国农村工作会议纪要的基本内容，并于 1982 年 1 月 1 日以中发

① 《邓小平文选》第二卷，人民出版社 1993 年版，第 275 页。

② 国家体改委办公厅：《十一届三中全会以来经济体制改革重要文件汇编》（上），改革出版社 1990 年版，第 107 页。

〔1982〕1号文件的形式批转了《全国农村工作会议纪要》。这就是被誉为农民的定心丸的著名的第一个中央一号文件。文件指出：第一，我国农村已有90%以上的生产队建立了不同形式的农业生产责任制；大规模的变动已经过去，现在已经转入了总结、完善、稳定阶段。生产责任制的建立，不但克服了集体经济中长期存在的吃“大锅饭”的弊病，而且通过劳动组织、计酬方法等环节的改进，带动了生产关系的部分调整，纠正了长期存在的管理过分集中、经营方式过于单一的缺点，使之更加适合于我国农村的经济状况。第二，我国农业必须坚持社会主义集体化的道路，土地等基本生产资料公有制是长期不变的，集体经济要建立生产责任制也是长期不变的。目前实行的各种责任制，包括小段包工定额计酬，专业承包联产计酬，联产到劳、包产到户到组，包干到户到组，等等，都是社会主义集体经济的生产责任制。不论采取什么形式，只要群众不要求改变，就不要变动。第三，健全与完善农业生产责任制的工作，仍应按照中央1980年75号文件精神，坚持因地制宜、分类指导的原则。承包到组、到户、到劳，只是体现劳动组织的规模大小，并不一定标志生产的进步与落后，但必须与当时当地的生产需要相适应，宜统则统，宜分则分，通过承包把统和分协调起来，有统有分。包干、包工、包产，主要是体现劳动成果分配的不同方法。第四，在建立和完善农业生产责任制的过程中，必须坚持土地的集体所有制，切实注意保护耕地和合理使用耕地。

1983年中央一号文件《当前农村经济政策的若干问题》，

对包产到户给予了很高的评价，说它是“在共产党领导下中国农民伟大的创造，马克思主义关于合作化的理论在我国实践中的新发展”。文件指出：分户承包的家庭经营是合作经济中的一个经营层次，是一种新型的家庭经济。它与合作化前的个体经济有本质的区别。这是由于：第一，它是以土地这一主要生产资料公有制为基础的。承包者对土地只有使用权，不能出租、典当、弃置、毁坏。第二，承包者必须履行合同规定的对国家和集体的义务。这就使国家、集体、个人的利益得到统一，使困难的农户得到必要的照顾，从而避免两极分化。第三，这种承包制，在生产经营上是宜统则统，宜分则分，可以根据生产力发展的需要，不断调整统和分的关系，因而具有很大的灵活性和适应性，与合作化前狭小的个体经济限制生产力发展的情况有了质的区别。它能使集体经济的优越性与家庭成员的积极性都得到发挥。增加家庭经营这一层次，使责、权、利相结合，使劳动与劳动报酬直接挂钩，使农业经济获得强大的内在动力。

1984 年中央一号文件《关于 1984 年农村工作的通知》（以下简称《通知》），及时肯定了 1983 年党在农村的方针、政策，提出 1984 年的农村工作重点是：在稳定和完善生产责任制的基础上，提高生产力水平，疏理流通渠道，发展商品生产；继续稳定和完善联产承包责任制，帮助农民在家庭经营的基础上扩大生产规模，提高经济效益；加强社会服务，促进农村商品生产的发展；流通是商品生产过程中不可缺少的环节，抓生产必须抓流通；制止对农民的不合理摊派，减轻农民额外负担，保证农村合理的公共事业经费；随着农村分工分业的发展，将有越来越多的人脱离耕地经营，从事林牧渔等生产，并将有较大部分转入小工业和小集镇服务业，这是一个必然的历史性进步；林牧渔业发展不足，商品供应紧张，这种状况必须扭转；加强对农村工作的领导，提高干部的素质，培养农村建设人才；党在农村的政策越放宽，商品经济越发展，就越需要加强农村思想政治工作和文化教育工作。尤其必须指出的是，为了鼓励农民向土地投资，发展适度规模的种植专业户，中央及时决定延长土地承包期。《通知》规定：土地承包期一般应在 15 年以上，生产周期长的和开发性的项目，如果树、林木、荒山、荒地等，承包期应当更长一些；并鼓励土地逐步向种田能手集中，允许因无力耕种或转营他业的农户将土地转包给他人。

不难看出，自从十一届三中全会以来，党中央连续发出了一系列指导农村改革的重要文件，尤其是 20 世纪 80 年代以来的几个一号文件，对农村经济体制改革进行战略部署，这不仅反映了农村经济体制改革不断向纵深发展的客观事实，而且也反映了农村经济体制改革在党的工作中的重要位置。

坚持以“决不放松粮食生产，积极发展多种经营”为指导，使我国农村经济结构从 1978 年到 1984 年发生了新的变化，即：种植业结构的调整、农业结构的调整、农村经济结构的调整。这一调整过程是一个依次渐进的过程，没有种植业结构的调整，就没有农业结构的调整；没有农业结构的调整，就没有农村经济结构的调整。

（1）种植业结构的调整。在我国农村经济体制改革的第一个历史阶段，粮食总产量是逐年稳步增长的，粮食的播种面积则逐年稳步下降。在粮食播种面积逐年下降的情况下，粮食总产量却逐年稳步增长。根本原因是农民的生产积极性被调动起来了，粮食的单位面积产量在不断地提高。在耕地总面积不变或减少的情况下，通过较少的耕地面积即可满足全国人民的基本粮食需求，就为增加经济作物的种植面积创造了条件。

从表1可以看出，粮食作物的播种面积以及占总播种面积的比重在稳步下降，经济作物的播种面积以及占总播种面积的比重在稳步上升。这种变化是符合农业生产的自然规律和经济规律的。

（2）农业结构的调整。农业由种植业、林业、牧业、渔业、副业构成，所谓农业结构的调整，就是种植业、林业、牧业、渔业、副业的比例变化。种植业的发展，特别是粮食的发展和比较充分的供应，是调整农业结构的基础。就一般的情况而论，农业结构变化的趋势是，种植业所占的比重越来越小，而林业、牧业、渔业、副业所占的比重越来越大。十一届三中全会以后，我国农业结构的调整是完全符合这个客观规律的。

**表1　种植业播种面积的变化**①　　单位：万亩，%

| 年份 | 粮食作物 | | 经济作物 | |
|---|---|---|---|---|
| | 播种面积 | 占播种面积 | 播种面积 | 占播种面积 |
| 1978 | 180881 | 80.3 | 21660 | 9.6 |
| 1979 | 178894 | 80.3 | 22152 | 9.9 |
| 1980 | 175851 | 80.1 | 23882 | 10.9 |
| 1981 | 172437 | 79.2 | 26341 | 12.1 |

① 《中国统计年鉴1991》，中国统计出版社1991版，第340页。

续表

| 年份 | 粮食作物 | | 经济作物 | |
|---|---|---|---|---|
| | 播种面积 | 占播种面积 | 播种面积 | 占播种面积 |
| 1982 | 170194 | 78.4 | 28191 | 13.0 |
| 1983 | 171071 | 79.2 | 26641 | 12.3 |
| 1984 | 169326 | 78.3 | 28932 | 13.4 |

农业结构的调整有两个特点：一是种植业产值占农业总产值的比重稳步下降，副业产值占农业总产值的比重逐年上升；二是林业、牧业、渔业的产值占农业总产值的比重变化不大。这种情况的出现，是因为副业中的乡镇企业发展迅速，而林业、牧业、渔业的发展速度不够理想。林业、牧业、渔业是我国农业的薄弱环节。虽经几年的改革，林业、牧业、渔业亦有所发展，但是落后的情况并没有取得明显的改变。

**表 2　农林牧副渔业产值构成及变化百分比**①

| 年份 | 农业总产值 | 种植业产值 | 林业产值 | 牧业产值 | 渔业产值 | 副业产值 |
|---|---|---|---|---|---|---|
| 1978 | 100 | 76.71 | 3.44 | 14.98 | 1.58 | 3.29 |
| 1979 | 100 | 74.65 | 3.58 | 16.82 | 1.53 | 3.42 |
| 1980 | 100 | 71.68 | 4.23 | 18.42 | 1.71 | 3.95 |
| 1981 | 100 | 70.50 | 4.53 | 18.44 | 2.00 | 4.52 |
| 1982 | 100 | 70.48 | 4.43 | 18.35 | 2.06 | 4.67 |
| 1983 | 100 | 70.60 | 4.63 | 17.61 | 2.30 | 4.87 |
| 1984 | 100 | 68.30 | 5.03 | 18.24 | 2.65 | 5.79 |

① 《中国统计年鉴 1991》，中国统计出版社 1991 版，第 317 页。

（3）农村经济结构的调整。农村经济结构的调整，实质就是农业和非农业的比例关系的变化。在自然经济条件下，非农业在整个农村经济中所占的比重是很小的。非农业经济在农村的兴起，标志着自然经济向商品经济的过渡。十一届三中全会之后，我国农村经济结构的调整，不是在农业经济萎缩而是在农业经济有了较快发展的条件下实现的。在农业经济发展的同时，非农产业迅速崛起，而且发展速度很快。到1984年，非农产业的产值已占农村社会总产值的36.5%。1985年非农产业又进一步发展，其产值占农村社会总产值的42.9%。较之1984年，又提高了6.5%。到1987年，非农产业的产值超过了农业的产值，这是具有标志性意义的一年。在新中国成立后农村经济的几十年的发展中，农业产值在农村社会总产值中一直占绝对优势的局面开始被打破了。

1984年中央一号文件指出：农村在实行联产承包责任制基础上出现的专业户，带头勤劳致富，带头发展商品生产，带头改进生产技术，是农村发展中的新生事物，应当珍惜爱护，积极支持。1984年1月，农牧渔业部在北京召开全国农业工作会议。1月28日，《人民日报》在报道该会时写道：会议认为，发展农村商品生产，必须认真执行发展各种专业户的大政策。真想还是假想发展商品生产，就看你是真支持还是假支持专业户。限制和打击专业户，就是限制和打击商品生产，限制和打击技术进步，限制和阻碍新的生产力的发展。今后各地要继续建设一批商品粮、棉、油、糖等基地。商品基地的建设必须以专业户为基础，才能做到多快好省。

专业户是十一届三中全会之后在农村中出现的新生事物。为什么说其新？一是以前不曾存在过；二是具有强大的生命力，代表了农业生产专业化、社会化的发展方向；三是发展迅速，1984 年年初，专业户已占农村总农户的 13.7%。专业户与实行联产承包责任制前的集体经济内部的农户相比，根本不同点在于前者是独立的生产经营单位，后者是个消费单位。专业户的出现并非出于偶然，而是同家庭联产承包制的推广和普及紧密相连的，具有客观的必然性。家庭联产承包责任制使广大农民掌握了生产和经营的自主权，提高了劳动生产率，有了较多的剩余劳力和一定的资金，迸发出前所未有的积极性。这种积极性同农村中丰富多彩的自然资源相结合，大大促进了多种经营的发展和专业户的成长。1981 年，专业户在我国农村的少数地区开始出现，1982 年普遍增多，1983 年迅猛发展。据当时的农牧渔业部统计，全国农村专业户到 1983 年年底已达农户总数的 13.6%。1984 年后专业户由城镇和厂矿周围向广大农村发展；由经济水平高的地区向一般地区发展，由周期短、见效快的生产向周期长、见效慢的生产发展；由养殖业、种植业向其他各业发展；由生产领域向供销、加工、运输、服务、文化，以及卫生、艺术等领域发展。据安徽省统计，各类专业户批发商项目达 83 种之多。尽管发展很不平衡，但是全国各地农村到处可以看出专业户方兴未艾。

专业户已经由传统的自给自足的农民变为新型的社会主义的商品生产者，他们创造了远远高于一般农民的劳动生产率，显示出巨大的优越性和强大的生命力。在经济发达地区，专业户已成为当地农村商品生产的主力军，一家一户可以说就是一个小的商品基地，提供的商品量往往超过以前一个队甚至几个队。专业户带头勤劳致富，带头发展商品生产，带头改进生产技术，是我国农村发展中的新生事物，对亿万农民有极大的示范作用。

专业户的蓬勃兴起和迅猛发展，既是家庭联产承包责任制普遍推行的结果，又进一步把家庭联产承包责任制的威力扩展到更大的领域。专业户使家庭副业打破了传统的发展格局，把农林牧副渔业提高为自己经营的主业、专业。从“小而全”到“小而专”，是一个质的飞跃。因为它意味着分工分业的发展，意味着生产方式的更新，意味着采用现代化科学技术的可能。虽然专业户仍然是小规模的家庭经营，但它的产品却是面向社会的，通过合同制直接同国家工业、同城市消费联结在一起，成为社会化生产的组成部分。又因为它是小规模的家庭经营，可以节约投资，少占场地、少用设备，能充分开掘农村的劳力资源，发挥农民的传统技艺等等，从而带来出人意料的经济效益。专业户把小规模经营同专业化、社会化生产巧妙地结合了起来，小规模发挥了大作用，产生了高效益。专业户是我国农村专业化、社会化的雏形。1984 年广东省委政策研究室的一份调查报告明确显示，专业户作为农村商品生产中最积极、最活跃的分子，已成为发展农村商品经济的主力军。其作用突出体现为：专业户本身就是积极的商品生产者，向社会提供了大量的商品；专业户进一步向生产的深度和广度进军，使农村的劳力、土地资源得到合理的利用；专业户的发展促进农村经济逐步走向专业化；专业户积极采用比较先进的技术和管理手段，促进了农业新技术在农村的推广和应用。对专业户的正确引导，是发展农村商品经济的客观需要。

正确的政策引导使专业户不断提高经营水平，提高劳动生产率，增强竞争能力，不断提高产品质量和服务水平，帮助他们解决资金、技术、原料、信息等方面的困难，促进他们的发展。对于他们的正当利益要给予保护，任何单位、任何人都不得随意侵害专业户的经济利益。同时要引导专业户摆正国家、集体、个人三者的关系，自觉地接受国家的计划指导，切实遵守政府的政策法令。针对专业户的正确的政策，本质上是发展商品经济的政策，政策的出发点是把专业户视为商品经济实体，而不是着重于专业户生产关系的改造，也就是说，政策引导的目的在于发展商品经济，而不是急于把他们搞成集体经济。要加快农村商业经济的进程，必须继续保护和支持专业户的发展。

20 世纪 80 年代初，农业连续几年大丰收，主要农产品供应紧缺的状况有了很大改善。随着自然经济、半自然经济向商品经济转化，人们对实行几十年的农产品统购统销制度进行变革的要求越来越强烈。顺应客观形势发展的潮流，1984 年 2 月，国务院发布《农副产品购销合同条例》，正式对统购统销制度改革。这个《条例》坚持了计划经济为主、市场调节为辅的原则，保护了当事人双方的合法权益，它为我国的农副产品购销活动开创崭新局面提供了政策依据。1984 年农业取得突破性的飞跃，粮食生产超过 4000 亿公斤大关，人均粮食占有量第一次达到世界平均水平，农村甚至出现了卖粮难的问题，这促使人们对于统购统销制度不得不由局部调整转向全面改革。

1985年1月1日，中共中央、国务院又一次以中央一号文件的形式发布了指导农村经济体制改革的政策，即《关于进一步活跃农村经济的十项政策》。其中第一条就提出了改革农产品统购派购制度，指出：（1）国家不再向农民下达农产品统购派购任务，按照不同情况，分别实行合同定购和市场收购。（2）粮食、棉花取消统购，改为合同定购，定购的粮食和棉花，国家确定按“倒三七”比例计价（即三成按原统购价，七成按原超购价），定购以外的可以自由上市，如果市场价低于原统购价，国家仍按原统购价敞开收购，保护农民的利益。（3）生猪、水产品和大中城市、工矿区的蔬菜，也要逐步取消派购，自由上市，自由交易，随行就市，按质论价。其他统购派购产品，也要分品种、分地区逐步放开。（4）取消统购派购以后，农产品不再受原来经营分工的限制，实行多渠道直线流通。（5）任何单位都不得再向农民下达指令性生产计划。

实行30多年的统购统销体制终于取消了，农民获得了更为广阔的发展空间。统购统销起源于1953年。当年国家只收购到273.5亿公斤粮食，而支出量达293.5亿公斤，收支相抵，赤字20亿公斤。城市居民吃粮和工业用粮捉襟见肘，难以为继。国家收不到粮并非农民无粮可售，1952年全国粮食产量为1639亿公斤，农民宁愿留下自己多消费或到自由市场上高价出售却不想按国家定价卖给政府。没有粮食，以粮安天下的基本国策就要落空。面对这个紧迫的难题，党的领导层进行了广泛的讨论，最后拿出了一个大家一致同意的办法，即实行统购统销。这个政策的基本内容是：对粮食实行计划收购（按国家规定的粮种、价格和数额进行指令性收购）、计划供应（收购来的粮食按平价配售给城市居民和供应工业用粮），并由国家严格控制粮食市场和统一管理。这一办法的实行立即奏效，从 1953 年 7 月到 1954 年 6 月，国家共收购粮食 354.5 亿公斤，购销相抵，还余有相当库存①。在这个政策的实施过程中，国家同农民的关系搞得很紧张，强迫命令、乱批乱斗、聚众闹事等现象都曾经发生过。但不管怎样，迫于当时的客观形势，收不到粮食，年轻的共和国就难以立足。因此，选择统购统销在当时的历史环境下是必要的。

然而，统购统销在此后的演变过程中，变成了维系传统经济体制的主要支撑物。首先，统购统销的范围迅速扩展到其他领域，先是主要农产品如棉花、食用油、大豆等纳入这一范围，继而在工业领域也逐步采取了相同的办法。其次，为了保证统购统销政策的实施，就要求农村所有制关系作相应的变动，把分散的农民组织起来，农业合作化及随后的人民公社运动完成了这一使命，一大二公的所有制形式使得国家统购有了制度保证。最后，实行统购统销的结果是形成了一种独特的中国经济流通方式：低价收购农产品——低价供应城市的生活和生产消费——城市经济以低工资、低成本、低效益的方式运行——继续低价统购农产品。这表明，传统体制下的经济起之于

① 杨江：《建国以来十大经济热点》，中国经济出版社 1995 年版，第 52～53 页。

统购、行之于统销、终之于统购，离开了统购统销，传统经济就难以为继。长期实行统购统销，使国家与农民、城市与农村的关系变得越来越紧张和扭曲。虽然有充分的历史原因解释其产生的缘由，也有相当的成就证明它曾起过的巨大作用，但长此以往，农业这个国民经济的基础将越来越薄弱。

始于20世纪70年代末的家庭联产承包责任制终于改变了传统经济体制运行的轨迹，农业生产连年高速增长，粮、棉、麻、茶、毛等主要农产品都由过去长时期的供给不足转变为程度不同的低水平相对剩余，农业生产进入历史性转折，向专业化、商品化、现代化转变。农村改革的辉煌成就促使了统购统销制度的全面改革。

## 三、乡镇企业：一枝独秀

◎开拓市场经济的先锋

◎黄金时代的来临

◎农村现代化的主力军

◎未来的选择

伴随着农村经济体制改革的发展，乡镇企业以其强大的生命力，冲破了自然经济的格局，成为国民经济发展的重要支柱之一。1984年中央一号文件及四号文件《转发农牧渔业部〈关于开创社队企业新局面的报告〉的通知》的颁行，给乡镇企业正了名、鼓了劲、撑了腰、壮了胆，乡镇企业的发展迎来了黄金时代。1984 年全国乡镇企业已达 606 万个，职工 5208 万人，工业总产值 1709 亿元，获纯利润 187 亿元，上缴国家税金达 90.6 亿元。在城市国有大中型企业改革相对迟缓的情况下，异军突起的乡镇企业一枝独秀。乡镇企业从诞生的那一天起，就与市场紧紧地连在一起。生产原料要从市场上购买，制成的产品要到市场上销售，所要的人力、技术、资金都必须由自己到市场上去找。乡镇企业是在国家计划经济体制之外发展起来的，是开拓市场经济的先锋。



1984 年之前乡镇企业称为社队企业，它是在合作化时期农村手工业的基础上发展起来的。当时，由于现代工业极为落后，满足不了人民群众的日常生产与生活的需要，参加合作社的手工业者创办了一批企业，生产人们急需的工业品。由于这批企业是适应市场需要而产生的，因而它一出现就显示了良好的发展势头。据 1957 年年底统计，农村集镇手工业产值约 40 亿元，农业社和农民家庭手工业商品部分产值 20 多亿元，农民自给性手工业和农产品初加工产值约 100 亿元，共计 160 亿元①。然而 1958 年以后，社队企业几经折腾，大起大落，基本没有多大发展。到了“文化大革命”初期，社办企业得到了一定程度的发展。据 1971 年统计，社、队两级工业产值为 78 亿元。但由于极左思潮影响，说发展农村工业是“弃农经商”“以钱为纲”，把它当作走资本主义道路的例子来批判。但是，乡镇工业的发展有时代和大众的需要，所以到 1976 年，社队

① 王瑞璞：《中国农村十年》，解放军出版社 1989 年版，第 287 页。

两级工业产值已经达243亿元，其中公社工业产值124亿元。从1972年到1976年的五年里，平均每年分别净增33亿元，五年平均递增分别为25.5％和21.9％[①]。

十一届三中全会以后，中央把发展乡镇企业作为发展农村经济的战略措施来抓。虽然当时计划经济体制仍占主导地位，但就是在这种不利的经济环境中，社队企业凭借其强大的活力，以及有效灵活的经营机制，顽强地逐步发展起来。从1978年到1979年的两年里，全国就有95％以上的乡村办起了社队企业，从事社队企业劳动的人员占公社劳动力总数的9.4％，社队企业总收入达到491亿元，已占农村人民公社三级经济总收入的29.9％。自此，社队企业进入了稳定发展的新时期。到1983年，乡镇企业单位达134.6万个，共计3234.7万人。

1984年的一号文件和四号文件充分肯定了乡镇企业的地位和作用，并确定了“热情支持，积极引导和管理，使其健康发展”的总方针。在这个总方针指引下，乡镇企业的发展有了新的突破。这种突破主要表现在：第一，发展速度有新突破。1971—1978年总产值年平均增加55亿元，1979—1983年年平均增加145亿元，1984年比1983年增加489亿元。第二，突破了乡镇两级办企业的老框框，实行“四轮驱动”。1984年总产值中社员联营合作企业和其他形式合作工业已占9.3％，个体占6.8％。各地的社员联营合作企业和社员个体工业企业绝大多数是在中央四号文件下达后发展起来的。从全国来看，社员联营

① 王瑞璞：《中国农村十年》，解放军出版社1989年版，第289页。

合作企业和个体工业的产值占全国乡镇企业总产值的14.2%，最高的为宁夏，占49%，河北占42%，贵州占35.5%，安徽占27%，福建占25.4%，河南占22%，广东占19%，其他省、市、自治区都在10%左右。第三，突破了就地采购、就地加工、就地销售“三就地”封闭式办企业的老框框，按商品经济规律发挥各自优势，进行广泛的协作与联合。包括：能源、原材料短缺地区向产地投资，建立长期、稳定的能源、原料基地；东部乡镇企业发达地区利用自己的技术、资金优势与西部具有资源、劳力优势的地区结合，联办企业；城市全民所有制企业与乡镇企业联营协作，进行城乡互助，共同发展；乡镇企业面向国外进一步开放引进，进行“三来一补”和引进外资联营。第四，突破了“拾遗补阙”的办企业思想，以大中城市和农村集镇为依托，按两个工业群体进行调整、改造、布点，改“小而全”为专业化、社会化协作生产。

在1984年的基础上，1985年全国乡镇企业又有进一步发展。1985年乡镇企业总产值达到2728.4亿元，比1984年增长59.6%，总收入比1984年增长44.1%，达到1827.41亿元；创造纯利润达171.34亿元，比1984年增加42.6亿元。1986年我国乡镇企业总产值达3540.9亿元，历史上第一次超过同年农业总产值；从业人员达7937万人，占农村劳力总数的20%以上。①

在社会主义初级阶段，我国各族人民的共同理想是把我国

① 《中国统计年鉴1991》，中国统计出版社1991年版，第377～378页。

建设成为富强、民主、文明的社会主义现代化国家。这是崇高而艰巨的历史使命，要完成这一历史使命，没有农村的现代化是不可想象的。20世纪80年代乡镇企业的崛起，使我们看到了希望。

首先，乡镇企业的发展促进了我国农村由自给半自给经济向商品经济转变。商品经济的充分发展，是社会经济发展的不可逾越的阶段，是实现现代化的必要条件。在我国农村经济还十分落后的情况下，要打破农村自给半自给的经济格局，就必须使农村的分工和专业化生产得到发展。正是适应这一要求，乡镇企业的出现促进了农村的分工分业的发展，农村经济结构由传统的以种植业和粮食生产为主转向农林牧副渔全面发展，工业、建筑业、运输业、商业和服务业等从农业中逐步分离出来，形成多元化的产业结构。与1978年相比，1983年农村经济总产值中，种植业由59.1％下降到49％，乡镇企业由23％上升到33.3％。到1985年，非农产业产值的比重上升到44％，改变了八亿农民搞饭吃的落后局面，活跃了农村经济，促进了农村商品经济的发展，使我国农村由自给半自给经济向商品经济转变迈出了可喜的一步。[①]

其次，乡镇企业的发展为转移农村剩余劳动力开辟了一条适合我国国情的道路。我国人多地少，八亿农民挤占在仅有的15亿亩耕地上，人均耕地不足1.5亩。大量剩余劳动力困在农村无出路，这不仅导致农业劳动生产率低下，农业发展缓慢，

① 王瑞璞：《中国农村十年》，解放军出版社1989年版，第290页。

同时也使农民陷入无法摆脱的困境。而我国城市工业吸收农村剩余劳动力的能力有限，自身的剩余劳动力都难以全部容纳，更难以吸收农村的过剩劳动力。发展乡镇企业可以使农民离土不离乡、进厂不进城，就地消化剩余农村劳动力，缓解了就业压力。“六五”期间，乡镇企业共吸收农村劳动力 3979.3 万人，平均每年吸收 795.86 万人。从地区情况看，发展快的沿海地区从事乡镇企业的劳动力一般占农村劳动力的 50%以上，中间地带占近 30%，西北地区占 10%以上。乡镇企业越是发达的地区，吸收农村剩余劳动力的数量越多。

第三，乡镇企业的发展促进了我国工业化的进程。新中国成立以来，为了加强工业化建设，国家投入了大量的人力、物力和财力，建起了几百个国营（现称“国有”。——编者注）工业企业，初步实现了我国的工业化。但是完全实现工业化，还需进一步投入大量的人力、物力、财力，如果单纯依靠国家的力量，在短时间内是办不到的，势必延缓工业化的进程。而发展乡镇企业，可以因地制宜、就地取材，用多种经济形式，使资金、技术、劳动力等生产要素在更广阔的范围内流动组合，充分利用农村丰富的劳动力资源和自然资源，去办那些投资少、见效快、效益高的企业。这不仅可以为国家节省资金，减轻国家的负担，还可以为国内外市场提供大量工业品，为国营企业拾遗补阙、加工配套，弥补大工业的不足。到 20 世纪 80 年代中期，乡镇企业已基本形成了门类齐全的农村工业体系，它的发展，改变了过去工业过分集中于城市的局面。据 1983 年统计，全国各种服务行业中，乡镇企业系统有 2300 个县以上的供销公司，28万个运输商业服务企业，300多万个个体商业服务运输企业。它们在为生产、生活服务，活跃农村经济，疏通物资流通中，发挥了很大作用。乡镇企业的产品在全国工业总产量中已占有重要位置，1985年生产全国28%的煤，53%的建材，30%的纸，20%的纺织品，1/3的服装和3/4的皮毛。总之，乡镇企业的兴起大大促进了我国工业化的发展①。

第四，发展乡镇企业，积累资金，增加农业投入，促进农业生产的发展。发展乡镇企业，主要是充分利用农业资源，围绕农业办工业，不仅生产大量的农业生产资料，满足农业生产的需要，还通过农牧产品的加工、贮藏、运销开辟农村产品的销路，扩大市场，增加收入，从而增加了自身积累，增强了自我发展的能力。仅就陕西省的情况看，“六五”期间，乡村两级企业直接和间接用于农业的资金达20.5亿元，比国家同期对农业的投资还多1亿多元。在国家对农业基本建设投资较少的情况下，乡镇企业对农业的投入起到了输血作用，促进了农业的发展，提高了农业的生产率和商品率，加速了农业现代化进程。

第五，发展乡镇企业，加快了城乡协调发展的步伐。乡镇企业的发展，促进了农村分工分业的专业化生产，农民亦工亦农。工农业生产互相结合、互相促进，共同发展。在建设新农村中，小集镇成为乡镇企业的集中地、农村商品生产的集散中心。乡镇企业的发展必然推动这些集镇的建设和发展。这些集镇起着沟通城乡交流的桥梁作用，成为农村的政治、经济、文

① 王瑞璞：《中国农村十年》，解放军出版社1989年版，第293页。

化、教育中心。这不仅加快了农村和小集镇的建设步伐，同时对缩小城乡差别，加强工农联盟起到了积极作用。

## 四、人民公社：告别历史

◎风暴骤来

◎公社病大流行

◎悄然退场

1983年10月，中共中央、国务院发出《关于实行政社分开建立乡政府的通知》指出：随着农村经济体制的改革，现行农村政社合一的体制显然很不适应。宪法已明确规定在农村建立乡政府，各地要有领导、有步骤地搞好农村政社分开的改革，争取在1984年年底以前大体上完成建立乡政府的工作。

这项事关亿万人民的改革主要是在1984年进行的。由于党和政府的重视和领导，工作进行得比较顺利。到1985年春，全国农村人民公社政社分开建立乡政府的工作全部结束。人民公社成为历史，但人民公社是不能也不应该忘记的。人民公社曾经是中国农村最重要的制度和中国农村社会的存在方式，它伴随着数亿农民度过了二十多个春夏秋冬，是一个时代的象征。

1957年冬至1958年春，全国范围内掀起了大办农田水利的高潮。由于当时提出的水利化目标过高、过大，而国家限于经济条件不可能投入更多财力物力，主要依靠农民群众自身力量予以完成，这就要求在更大范围内、更高程度上由具体经济组织来组织、动员、统筹安排人力、物力、财力。在兴修一些较大规模的水利工程时，又必然会遇到社界、乡界甚至县界的局限，因而大办水利运动中出现打破社界、乡界甚至县界开展协作的现象，进而在局部地区自发出现了小社并大社的情况。

人民公社化运动是从 1958 年 7 月份开始的，经过 8 月份的普遍规划、试办，到 9 月份已经进入全面高潮。10 月 1 日，新华社报道，全国农村基本实现了公社化，工农业建设和文化事业普遍开花，组织军事化，行动战斗化，生活集体化。到 10 月底，参加人民公社的农民达到 99.1%，组成了 26500 个人民公社。公社化运动作为一场空前广泛、深刻的社会变革，给农村社会、经济、政治生活领域的各个方面，乃至农民群众个人世代沿袭的生产、生活方式都带来了巨大而深刻的影响。这么一场广泛、深刻、影响巨大的社会变革，竟然能够以短短不足两个月的时间，在历来被视为最保守的农村地区得以基本完成，不能不算是当代中国以至世界历史上的一大"奇迹"。

随着农村人民公社的建立和当时我国政治生活中蔓延的严重的"左"的错误，农村刮起了一股强烈的"共产风"。"共产风"即把平均主义和无偿调拨农民或农业合作组织的财产误以为是共产主义的这种风气，早在人民公社成立之前就已经显露苗头。人民公社建立之后，这股风就大刮起来了。"共产风"刮起固然有多方面的原因，但从根本上来说，还在于人民公社本身存在的弊病。"共产风"可以说是人民公社的诸多弊病的集中表现，基本特征是"一大二公""政社合一"。毛泽东曾经把人民公社的特点概括为“一曰大，二曰公”。按照毛泽东当时的解释：大，就是人多、地大、生产规模大，各种事业大，工农商学兵，农林牧副渔，人多势众；公，就是社会主义高级社多，公有化程度高。当时认为，规模大，便于农、林、牧、副、渔全面发展，农、工、商、学、兵互相结合，便于集中更多的人力、财力、物力进行大规模的综合性生产建设。从抽象的概念出发，这些不是没有一定道理，但由于大得脱离了当时的实际生产力水平，其结果必然是适得其反。

在几年之前还是一家一户过日子的农民，一夜间成千上万户被聚拢到一个组织内过起了日子。公社纵横数十里，甚至上百里，交通不便，通信落后，信息不通，加上干部文化素质普遍很低，人民公社化运动在当时就造成了严重的社会问题。过早地废除家庭经营，只能造成贫富拉平，人力物力浪费，瞎指挥泛滥，严重挫伤农民的生产积极性。

人民公社公有制程度高，长期被认为是其一大优越性。在并人社的过程中，原来属于高级社的生产资料都无偿转归公社这个更大的集体所有；社员私有的一部分生产资料也归公社所有；社员私养的牲畜和自留地，都被当作资本主义的残余而取消，或转归公社所有。在产权关系这一涉及千家万户农民切身利益的问题上，采用了最简单的办法“一平二调”，一切主要生产资料归全民所有，产品由国家统一调拨使用，上缴利润、生产开支、社员消费均由国家统一确定。办公共食堂、托儿所、缝纫组，实行供给制加工资制，破除资产阶级法权，把原来农村属于全民所有的银行、商店和企业下放公社管理，公社还兴办某些具有全民性质的工业和其他建设事业，在公社所有制中增加了若干全民所有制成分。这些似乎都比过去更公了，但由于人民公社所有制问题上的这一巨大变化脱离了我国农村社会生产力的实际水平，脱离了广大农民的实际觉悟，割断了农民与农业活动之间直接的利益联系，既混淆了社会主义集体所有制和全民所有制的界限，又为无偿占有农民和农业社财产提供了理论上的依据和实际的可能，因而成为“共产风”刮遍全国的根源，造成了对农民社会主义积极性的极大伤害和对农业生产力的严重破坏。

人民公社实行政社合一制度，是当时宣传的又一大优越性。1962 年 9 月 21 日中央关于《农村人民公社工作条例修正草案》中规定：公社“是我国社会主义社会在农村的基层单位，又是经济组织，又是政权组织，既管理生产建设，又管理财政、粮食、贸易、民政、文教卫生、治安、民兵和调解民事纠纷及其他基层行政任务，实行工农兵学商结合，成为经济、文化、政治、军事等的统一体”。这实际上是把集体经济组织当作国家基层政权的附属品，使集体经济完全失去了自主权和独立性。在这种政社合一的制度下，公社干部由国家委派。他们掌握着党政、财经、文化大权，享受国家工资待遇，一方面他们是国家基层政权的代表，肩负贯彻落实国家法令、政策的职责；另一方面，他们又是人民公社这个经济组织的领导者和管理者，是全体社员利益的代表，其职责是管理好公社的经济，为全体社员增进福利。但在实际上，由于公社干部不是由社员选举产生，他们的任免与公社生产的好坏和社员经济收入的多少没有直接的联系。这就直接违背了合作经济的基本原则，不利于生产和集体经济的巩固发展。正是由于政社合一这种高度集中制度的建立，为当时“左”的政策的推行带来了一系列的可能，如对农民财力、物力、劳力的直接控制和调拨，在更直接意义上对农民人身的支配，等等，是造成农村中大量发生强迫命令、瞎指挥、大刮“共产风”的体制根源。

人民公社作为“大跃进”运动的产物，实行政社合一体制的初衷也是为了便于组织“大跃进”。因而，“便于领导”四个字集中显示出了政社合一体制在“大跃进”运动中的作用。但政社合一的真正目的，在于为利用行政手段管理经济提供组织保障，同时又为行政机构全面干涉农村社会经济生活的各个领域奠定了组织基础。从而，在组织上为“共产风”“浮夸风”、瞎指挥生产风、强迫命令风和干部特殊化风提供了保证，致使“五风”在整个人民公社时期始终难以从根本上消除。人民公社政社合一的体制在“大跃进”运动后之所以能够得以继续延续，不仅仅是因为政治上要坚持“三面红旗”的需要，更主要的是这种组织形式与以行政手段支撑的单一计划经济体制比较相适应。

针对人民公社化运动逐渐暴露出来的种种问题，从 1958 年年底开始，中共中央对人民公社体制进行了整顿。虽然这种整顿经常进行，但由于没有从根本上否定人民公社制度，因而任何一次整顿所取得的效果都是有限的，甚至有的反而强化了这一制度，以致广大农民的生产积极性长期受到禁锢和压制，农村社会生产力停滞不前。

同人民公社建立时轰轰烈烈的情景相反，公社制度的结束是以极为平静的方式悄然进行的。公社化给中国农民造成的历史创伤是以极其缓慢的速度愈合的。

关于人民公社制度的改革，中共中央采取了极为慎重的有准备、有步骤、分批进行、稳步改革的方针，力求减少由此引起的社会震动。为了实现公社制度的稳步改革，早在1981年一些率先进行联产承包的省区，如四川、安徽、吉林、甘肃、河南等省，开始进行政社分设的农村改革试点。四川省广汉县向阳公社改得最早，1979年就重建了全国第一个乡政府。1981年全县实行政社分开，取消了公社、大队、生产队原有建制，建立了乡党委、乡政府、行政村，由全村村民大会民主选举产生村长。村长负责完成乡政府下达的任务，处理日常行政事务和民事纠纷，不管生产事宜。恢复农业生产合作社（相当于原来的生产队范围）作为农村的基层生产单位。农业社是农民联合的集体所有制经济组织，实行独立核算、自负盈亏、民主管理。农业社由社员代表大会民主选举社长，社员有权监督和随时撤换农业社干部。广汉县还大胆地革除了农村基层干部的委任制，开始实行民主选举制和聘任制。全乡范围内党、政、企的一切干部和各级领导班子及经营管理干部，一律采取群众民主选举和择优招聘的办法产生。

1982年11月5日，时任副总理的万里在中央农村工作会议上作的《进一步发展已经开创的农业新局面》的报告中指出："在公社体制的改革上，应取慎重态度，不要采取自上而下层层改变、限期完成的办法。对生产大队和生产队，在没有适当的新的组织形式来代替它之前，不要轻易变动，以免出现混乱。在公社体制的改革上，决不能搞‘一刀切’、一阵风，要成熟一个改一个。”1982 年 12 月 4 日，第五届全国人民代表大会第五次会议通过的《中华人民共和国宪法》第三十条和第一百零五条明确规定，乡、民族乡和镇是我国最基层的行政区域。乡镇行政区域内行政工作由乡镇人民政府负责，乡镇人民政府实行乡长、镇长负责制。乡长、镇长由乡镇人民代表大会民主选举产生。《宪法》第八条规定：“农村人民公社、农业生产合作社和其他生产、供销、信用、消费等各种形式的合作经济，是社会主义劳动群众集体所有制经济”“城镇中的手工业、工业、建筑业、运输业、商业、服务业等行业的各种形式的合作经济，都是社会主义劳动群众集体所有制经济。国家保护城乡集体经济组织的合法权利和利益，鼓励、指导和推动集体经济的发展”。这就为改革“三级所有、队为基础”“政社合一”的人民公社制度，实行政社分设，重建乡镇政权提供了法律依据。

1983 年中央一号文件指出：“人民公社的体制，要从两方面进行改革。这就是，实行生产责任制，特别是联产承包制；实行政社分设。”中央这一规定是针对人民公社“一大二公”“政社合一”的特点作出的。实行以家庭联产承包为主的生产责任制，将从根本上改变以生产队为基础的人民公社“一大二公”体制。政社分设更是直接要求改变政社合一的种种弊端。可见，人民公社体制改革，实际上是对公社制度的废除。

1983 年 10 月，中共中央、国务院发出《关于实行政社分开、建立乡政府的通知》，要求各地有领导、有步骤地搞好农村政社分开的改革，争取在1984年年底以前大体上完成建立乡政府的工作，改变党不管党、政不管政和政企不分的状况。《通知》提出，当前的首要任务是把政社分开，建立乡政府。同时按乡建立乡党委，并根据生产的需要和群众的意愿逐步建立经济组织。《通知》规定，乡的规模一般以原有公社的管辖范围为基础，如原有公社范围过大的也可以适当划小。在建乡中，要重视集镇的建设，对具有一定条件的集镇，可以成立镇政府，以促进农村经济、文化事业的发展。

经过1984年的努力，这一解放农村生产力的变革得到了广大农民的支持和配合，进展顺利。到1985年春，全国农村人民公社政社分开、建立乡政府的工作全部结束。

人民公社制度在中国大地上悄然消失了。这场深刻的伟大变革，不仅迅速地改变着中国农业和农村经济的落后面貌，而且还强烈地改变着中国农民的社会地位和心理状态。

农村改革彻底取消了人民公社的旧体制，结束了多年来对农村基层生产单位的层层平调和剥夺，铲除了瞎指挥、“浮夸风”“共产风”的体制根源，实实在在地从制度上保障了农民集体经济对生产资料和产品的所有权，保障了农民在农业生产和农村各项经济事业经营中的自主权，使农民真正成生产要素和生产成果的主人，从而极大地调动了八亿农民的社会主义积极性和创造性，加快了社会主义农业经济的发展，并为农村的现代化建设奠定了基础。

# 第二章

# 运筹帷幄：揭开改革攻坚战

春潮涌动——1984 年的中国

在中国改革史上，1984 年是具有深远意义的一年。正是在这一年，中国共产党审时度势，运筹帷幄，决定把改革的重点由农村转向城市，由此吹响了改革攻坚的号角。

“我们把改革当作一种革命。”[①] 1984 年 10 月，在会见时任联邦德国总理的科尔时，邓小平这样说。的确，比较一下中国革命与中国改革的某些相似之处，我们往往会惊讶于这句话是如此准确。

20 世纪 20 年代末 30 年代初，毛泽东创造性地把马克思主义普遍原理与中国革命的具体实践相结合，为中国革命开辟了第二次农村包围城市、武装夺取政权的道路。

20 世纪 70 年代末 80 年代初，同样富有创造性的邓小平把马克思主义普遍原理与中国改革的具体实践相结合，为中国社会主义建设事业开辟了第二条“农村包围城市”的道路。

在中国革命即将取得全国性胜利的前夕，中国共产党于 1949 年 3 月在河北省平山县西柏坡村召开了七届二中全会，会议通过了《在中国共产党第七届中央委员会第二次全体会议上的报告》，提出了党的工作重点由农村转移到城市的问题。

35 年后，在农村第一步改革取得成功与城市局部改革的试点进展顺利的基础上，中国共产党于 1984 年 10 月在北京

① 《邓小平文选》第三卷，人民出版社 1993 年版，第 82 页。

召开十二届三中全会，会议通过了《中共中央关于经济体制改革的决定》，提出党的工作重点由农村改革转向城市改革的问题。



## 一、邓小平说：城市改革需要有更大的勇气

◎城市改革更为复杂

◎要突破更多的禁区

1984年10月2日，邓小平在会见前来参加建国35周年庆祝活动的60多名华人科学家时说，即将召开的十二届三中全会的主题是城市的改革，“这个改革需要有更大的勇气”①。

改革总是除旧布新，去除那些过时的、落后的东西，所以，改革需要勇气。邓小平之所以说城市改革需要有更大的勇气，主要原因在于，城市经济是比农村经济庞大和复杂得多的经济肌体，生产社会化程度高，分工精细，协作紧密，生产、建设、流通诸领域之间的联系和产供销之间的联系纵横交错，涉及面很广。而且，这些经济联系还要随经济的发展而不断地调整和变动。因此，比起农村改革来，城市改革面临的问题要复杂得多。

此外，城市改革涉及工业、商业、科学、文化等诸多方面，可谓“牵一发而动全身”。有一些以前理论上的禁区需要

① 《经济日报》1984年10月4日。

去打开，在实践中也有不少困难需要去克服。因此，需要有更大的勇气去面对现实、开拓前进，走出一条中国自己的城市经济体制改革道路。



## 二、城市综合改革试点

◎扩大企业自主权

◎建立多种形式的经济责任制

◎商业系统改革

◎城镇个体经济兴起

◎进行城市经济体制综合改革试点

在农村经济体制改革迅猛展开的同时，以扩大企业自主权、增强企业活力为中心的城市经济体制改革也迈出了崭新的步伐。从 1978 年的十一届三中全会到 1984 年的十二届三中全会之前，是城市经济体制的酝酿、准备、试点和探索阶段。这一阶段的城市经济体制改革，包括扩大企业自主权、建立多种形式的经济责任制、商业系统改革、积极发展多种经济形式、进行城市经济体制综合改革试点等。上述探索性的试点改革均取得了一定的成效。

扩大企业经营自主权，增强企业活力，不仅是城市经济体制改革的出发点，而且也是城市经济体制改革的归宿。只有搞活了企业，国民经济才会充满活力。在城市经济体制改革的第一阶段，以扩权试点为突破口，围绕着解决国家与企业、企业与职工的经济关系，进行了以扩权、减税、让利为主要内容的企业改革，使企业开始拥有一定的经营自主权。

1978 年 10 月，中共四川省委在四川重庆钢铁公司等 6 家企业开始扩大企业自主权的试验，规定企业在完成增产增收目标以后，可以提留少量利润，从而拉开了我国市场经济体制改革的序幕。1979 年年初，四川省委在总结 6 家扩权企业经验的基础上，把扩大企业自主权的试验扩大到 100 家企业，并拟定了新的扩权办法，其主要内容有：企业在全面完成国家计划的前提下，按照需要，可以挖掘潜力，组织增产和来料加工；在征得主管部门同意后，可以销售商业、物资、供销部门不收购的产品；试制新产品可以自行组织产销，接受用户检验；分不同情况，企业按工资总额或计划利润指标，进行计划内利润留成和超计划利润留成；折旧基金留归企业部分由 40%提高到 60%；流动资金试行全额信贷；除经常性生产奖外，企业还可以根据超额完成经济技术指标的情况提取超额奖；经省主管部门同意后，可以引进新技术新装备，可以利用外资，对外装配加工；企业中层以下干部由企业党委任免，报上级有关部门备案，不再报批。

在四川进行扩权试验的同时，1979 年 5 月，国家有关部门也在京、津、沪选择了首都钢铁公司、天津自行车厂、上海柴油机厂等 8 家企业进行扩权试验。为了加强对扩权试点工作的指导，1979 年 7 月初，全国工交工作会议在成都召开，会议热烈讨论了国务院拟颁布的5个文件[①]，来自企业的代表感到还应继续放权。[②] 到1979年年底，全国扩权试点企业扩大到4200家，1980年发展到6600家。这些企业占全国国营工业企业总数的16%左右。在企业利润分配上，也由过去的企业基金制度改革为利润留成制度，使企业的经济利益与经营成果初步挂钩。

1980年5月，国家建委、计委、财政部、劳动总局和物资总局发布了《关于扩大国营施工企业经营管理自主权有关问题的暂行规定》。这个文件规定，国营施工企业在保证完成国家任务的前提下，有权根据本身条件和社会需要，自行承揽部分施工任务或发展为施工服务的多种经营；基建工程需用的建筑材料、模板工具、大型临时设施用料等，按人财物统一的原则，逐步做到直接分配给施工单位，由施工单位包工包料；恢复独立核算的国营施工企业的法定利润，在3年内不上缴，留给企业；实行降低成本留成制度；在劳动工资管理等方面也扩大了企业的自主权。1984年5月，在总结前几年扩权试点工作经验的基础上，国务院作出《关于进一步扩大国营工业企业自主权的暂行规定》，在生产经营计划、产品销售、产品价格、物资选购、资金使用、资产处理、机构设置、劳动人事、工资奖金和联合经营等十个方面，进一步扩大企业自主权。企业自

① 即1979年7月国务院颁布的《关于扩大国营工业企业经营管理自主权的若干规定》《关于提高国营工业企业实行利润留成的规定》《关于提高国营工业企业固定资产折旧率和改进折旧费使用办法的暂行规定》《关于国营工业企业实行流动资金全额信贷的暂行规定》等5个文件。

② 《袁宝华文集》第八卷，中国人民大学出版社2013年版，第396页。

主权的扩大，初步改变了企业不了解市场需要、不关心产品销路、不关心盈亏的状况，开始建立和增强经营观念、市场观念、竞争观念和服务观念，促进了技术进步和产品质量的提高，取得了较好的经济效益。

经过一段时间的向企业放权让利，从中央到地方，逐步把改革的视野转向推行经济责任制和新财政体制方面来。改革向这方面扩展，是因为国家放权让利给企业，只是改善了国家同企业的关系，赋予了企业搞活自身的权利，为搞活企业创造了条件。然而，企业能否搞活，还要深入到企业内部进行改革，实行各种形式的经济责任制，正确处理企业与职工的关系。实行经济责任制，是工业企业管理体制改革的又一探索。它比扩大企业自主权试点前进了一步。这一改革从 1981 年春季开始，由山东省首先在企业中试行。主要内容是通过承包划分国家同企业之间、企业同职工之间的责、权、利关系，贯彻按劳分配的原则，进一步调动企业和职工的积极性，在增收节支、提高财政收入方面颇有成效，因而对全国工业企业产生了很大影响。

1981 年 10 月，国务院将国家经济委员会、国务院体制改革办公室制定的《关于实行工业生产责任制若干问题的意见》转发各地区各部门，要求在各工业企业中研究执行。这一文件提出实行经济责任制要抓好两个环节：一是国家对企业实行的经济责任制，处理好国家同企业之间的关系，解决企业经营好坏一个样的问题；二是建立企业内部的经济责任制，处理好企业内部的关系，解决好职工干好干坏一个样的问题。总的要求是通过经济责任制，把企业和职工的经济利益同他们所承担的责任和实现的经济效果联系起来，使广大职工以主人翁的态度，用最小的人力物力消耗取得最大的经济效益。由于文件提出的要求明确，措施得当，企业在完成包干任务后可取得剩余利润的一部分，职工也可以多劳多得，因而得到企业领导和职工的广泛欢迎，经济责任制很快推行到全国 3.6 万个工业企业中去。经过一年的实践，涌现了首都钢铁公司等一批先进企业，取得了初步经验。首都钢铁公司从 1981 年起在企业内部实行了经济责任制，从公司、厂矿到车间、班组、个人，层层包干，责、权、利相结合，有高标准的要求和考核奖惩办法，使经济效益获得了明显的提高。1982 年全国工业企业吸收了首钢经验，使经济责任制有了新的发展，从单纯重视抓生产转向重视经营和经济效益，并开始重视技术改造和新产品的开发。这对 1981 年全国基本消除财政赤字和 1982 年工业产值超计划增长 4%起了良好的作用。

1983 年到 1984 年，各地继续推行经济承包责任制。牡丹江市还总结了他们 1981 年推行经济承包责任制的三个特点。这三个特点在全国具有代表性：一是经济承包责任制与实行目标管理相结合，在承包中开展学先进、找差距、挖潜力的活动，使承包目标具有先进性；二是实行经济责任制从企业自身的实际情况和特点出发，因情制宜，使承包形式具有多样性；三是落实全面责任制，把责任、权利和义务层层落实到所有部门和职工，使承包具有广泛性。1983 年到 1984 年两年各地推行经济承包责任制的形式，大体上有三大类：一类是纵向的逐级层层承包，一般是把各项综合性的经济指标层层分解包给车间班组和个人；一类是工厂内部有关单位横向联合承包若干项经济指标或任务，也有称之为一条龙承包的；再有一类是各种形式的单项承包。单项承包内容丰富，有技术承包、生产承包、费用承包、销售承包等。

与农业、工业体制改革相适应，商业系统进行的改革是建立多渠道、少环节、产销结合的流通体制。长期以来，我国流通体制存在着渠道单一、环节众多、产销脱节等弊端，很不适应农业、工业体制改革的需要和发展商品经济的要求。例如，农村长期实行的农副产品统购统销政策使农副产品的购销渠道变得十分单调，在农村推行生产责任制使农村经济逐步活跃起来的情况下，出现了尖锐的农商矛盾。城市长期以来工业品的购销形式也主要是统购统销。这很不适应企业扩大自主权以后的购销关系。因此，在改革农村商品流通体制的同时，对城市商品流通体制也进行了“一少三多”的改革，即减少工业品计划管理的品种，发展多种经济形式，采用多种购销方式，开辟多条流通渠道，建立城乡互相开放的新流通体制。

从全国看，疏通流通渠道的结果是初步搞活了流通体制。据 1982 年调查，除原国营商业的主渠道之外，集体和个体商业有很大发展。同时，生产自销、贸易货栈、联营商店、小商品批发市场、农工商联合体、工商贸联合体等多种经营形式相继出现，城市农贸市场也有很大发展。到 1982 年年底，工矿、林区、铁路、农场办商业和农工商联合企业、军人服务社等部门共有商业网点 5 万个，商业服务人员 57 万人。城市机关、团体、企业、事业单位、街道以及社队办的集体商业共有 22.3

万个，商业服务人员208万人。工业自销网点2.2万个，商业服务人员18万人。总计城市商业部门办的国营和集体商业网点近30万个，商业服务人员283万人，分别占城市社会销售网点、人数的20%和35.7%。集市4万多个，1982年成交额相当于社会零售总额的12.76%。随着社会商业的调整，商业网点大量增加。买东西、吃饭、住店、理发、做衣、修理难的状况有了一定程度的改善。

商业系统改革的另一重要方面，是商业企业内部体制的改革。改革的主要内容是扩大自主权和实行经济责任制。为了增强商业企业内部的活力，从1979年起，商业系统实行全行业利润留成制度，使各商业企业有了一定的财力，初步改变了国家对商业企业实行统收统支的局面。1980年又在8900个国营商业企业、粮食企业和供销社扩大了自主权，使这些企业拥有了部分业务经营权、部分财权、部分产品的削价处理权等等。随之，1981年又在商业系统推行经营责任制，实行这种责任制的商业企业47550个，占独立核算单位的35%。这些改革措施有力地冲击了平均主义的“大锅饭”，调动了职工的积极性；推动商业企业的领导改善经营管理，多渠道地开辟货源，力求产销对路，满足群众要求；也使这些企业增加了动力和活力，主动扩大经营范围，提高了经济效益。

1983年，国家在商业企业全面推行承包责任制。到1983年3月，全国商业系统实行经营承包责任制的网点达到10.3万个，占全部网点总数的56.6%。实行承包的企业，初步改变了责、权、利脱节的状况，在处理国家与企业的关系以及企业内部分配关系等方面都有所改进。但由于具体办法不完备，其他改革措施不配套，使改革难以深入下去。

1984年是城市商业改革有较大突破的一年。国务院于7月14日批转了商业部《关于当前城市商业体制改革若干问题的报告》，对城市商业改革提出了一系列政策和措施，主要内容有：实行政企分开，扩大企业权力，加强行政管理；改革日用工业品一、二、三级批发层次，批发站与市批发公司合并；建立城市贸易中心，逐步形成开放式、多渠道、少环节的批发体制；小型国营零售商业、饮食服务业转为集体经营或租赁给经营者个人经营；国营零售商业和饮食服务业要有计划有步骤地实行经营承包责任制；正确执行价格政策，严禁转嫁负担。[①] 这些改革措施的推行，对于打破商业领域条条块块分割的状况，发展地区之间的横向物资交流，真正建立起一个以城市为依托的，城乡畅通、四通八达的流通网络，对于调整与改善商业的所有制结构，实现多种商业经济形式的合理配置和协调发展，都有很大的促进作用。

与此同时，我国也放宽了对个体经济的政策，并且把发展包括个体经济在内的多种经济成分当作经济建设的一个重要内容，曾先后为个体经济的发展制定了一系列的方针和政策。1980年中央召开全国劳动就业工作会议，提出解决城镇劳动就业问题的根本途径是：解放思想，放宽政策，发展生产，广开就业门路，实行在政府统筹规划和指导下，劳动部门安排就

① 《商业部关于城市商业体制改革若干问题的报告》，见《经济日报》1984年7月23日。

业、自愿组织起来就业和个人自谋职业相结合的方针。这一方针的提出，对于充分利用我国大量劳动力的优势，对于发掘城镇个体经济在劳动就业上的潜力，起了较大的推动作用。



1981年7月7日，国务院颁布了《关于城镇非农业个体经济若干政策性规定》。《规定》确立了个体经济在我国社会主义条件下的地位和作用，对发展城镇非农业个体经济的必要性作了明确阐述。《规定》指出：在我国社会主义条件下，遵守国家的法律和政策，为社会主义建设服务，不剥削他人劳动的个体经济，是国营经济和集体经济的必要补充。从事个体经营的公民，是自食其力的独立劳动者。我国生产力发展水平不高，商品经济不发达，在相当长的历史时期内，多种经济成分和多种经营方式同时并存是必然的。《规定》对发展城镇非农业个体经济的有关细节作了阐述。如《规定》第十条："个体经营户所需资金，自筹不足的，当地政府和有关部门可以设法帮助筹措；资金周转有困难的，可以向银行申请贷款。"《规定》第十一条："为了鼓励个体经营户从事社会急需而又紧缺的修理、加工、饮食和服务业，国家在税收方面可酌情给予适当减免。广大群众需要但经营确有困难和盈利微薄的，可以申请免税。"《规定》中还强调，对个体经济的任何歧视，乱加干涉或者采取消极的态度，都是不利于社会主义经济发展的，都是错误的。《规定》中对城镇非农业个体经济的经营范围、从事个体经营的人员及规模，如何申请登记手续，国家对个体工商业的物资、税收、银行贷款的基本原则，个体经营者的政治权利及社会地位等问题都做了原则性规定。

1982年12月4日，第五届全国人民代表大会第五次会议通过的《中华人民共和国宪法》明确规定："在法律规定范围内的城乡劳动者个体经济，是社会主义公有制经济的补充。国家保护个体经济的合法的权利和利益。"并指出：国家通过行政管理，指导、帮助和监督个体经济。这就从根本上肯定了个体经济在我国国民经济中的地位和作用。作为国家的根本大法，《中华人民共和国宪法》的颁布和实施，极大地鼓舞了个体劳动者的生产经营积极性。城镇大量的闲散劳力，尤其是待业青年纷纷加入了个体工商户的行列，有力地促进了个体经济及整个国民经济的发展。

1983年4月13日，国务院又颁布了《〈关于城镇非农业个体经济若干政策性规定〉的补充规定》。《补充规定》进一步放宽了发展个体工商业的政策，对实际生活中原规定中尚未明确的许多问题作出详细明确的规定。

1984年2月25日，国务院发布了《关于合作商业组织和个人贩运农副产品若干问题的规定》，对个体经营者从事贩运活动提出了统一的要求。《规定》指出：城镇有营业执照的商贩，经当地工商行政管理机关批准，可以下乡采购、贩运农副产品，也可以在城市指定市场向贩运者批量进货，就地销售。国家保护农副产品贩运者的合法权益。并规定，贩运农副产品，不受行政区划和路途远近的限制，可以出县、出省。《规定》中还要求，公安、城镇、交通、运输、卫生等部门，应与工商行政管理机关密切配合，支持农副产品的贩运活动。这一《规定》对促进商品经济的进一步发展，对搞活商品流通、扩大城乡物资交流起了很大的积极作用。城镇个体经济是整个国民经济肌体中一个不可或缺的部分，它的存在和发展，对于发展社会生产力、方便人民生活、增加社会就业、增加国家资金积累和促进产业结构调整具有重要意义。在党和国家一系列方针政策的推动下，全国各地城镇个体经济开始有了恢复和发展。1978 年，全国城镇个体经济从业人员总数仅 15 万人，到 1984 年已达 200 多万人。城镇个体经济在以劳务为主的商业、饮食业、服务业、运输业和建筑业等第三产业领域，更是获得巨大的发展，为我国的城镇繁荣、为安置城镇待业人员做出了很大贡献。

城市经济体制的综合改革，各项改革同步配套进行，并由单一的城市改革发展为城乡一体化的综合改革。我国城市经济体制综合改革的试点，大体可分为以下几个阶段：

第一，中等城市经济体制综合改革试点阶段。

1981 年 7 月，国务院批准湖北沙市进行综合改革试点。沙市在 1979 年至 1981 年 7 月期间，进行了扩大企业自主权和工业改组联合的试点。在这两年多的时间里，沙市先后分三批在 42 个国营企业中进行了扩权试点。扩权办法主要是利润留成——扩权内容主要是留成利润的支配权、部分产品的销售权等。在工业改组方面，1979 年以来，沙市根据专业化协作和经济合理的原则，以发展有生命力的适销对路的产品为重点，先后组建了机床、仪器仪表、阀门、床单、毛巾、服装、自行车、食品、日用化工等 12 个公司。由于沙市在经济体制改革方面有较好的基础，在全国的中等城市中有一定的代表性，所以国务院选中沙市作为全国最早的城市经济综合改革的试点城市。

继沙市试点以后，1982 年 3 月，国务院又批准江苏省常州市进行经济体制综合改革试点。常州是一个以电子、机器为主的综合发展的工业城市。在中等城市中，常州的经济实力雄厚。常州邻近上海，在经济上同上海有密切的联系，能够得到上海在经济技术方面的支持。由于具备这样的经济条件，常州市也在经济体制的各个方面同步配套地进行了综合改革。

第二，大城市经济体制综合改革试点阶段。

城市工业主要集中在大城市，大城市的经济联系比中等城市复杂得多，地位重要得多。为了探索大城市经济体制改革的路子，从 1983 年起，我国又进行了大城市经济体制改革的试点。1983 年 2 月，党中央、国务院批准重庆市进行经济体制综合改革的试点。重庆是一个工业门类齐全的大城市，有雄厚的工业基础。由于旧的经济管理体制存在严重的弊端，生产潜力得不到充分的发挥，与全国 15 个重要工业城市比较，国家资产占第 5 位，工业总产值和职工人数占第 7 位，而资金利用率却占第 13 位，劳动生产率占第 15 位，经济效益比较低。重庆经济体制改革的试点，在内容上和方法上比过去都有很大的不同。在计划体制的改革方面，实行了计划单列；在工业管理体制的改革方面，实行了中心城市管理工业的体制；在财政体制改革方面，实行利改税；在流通体制改革方面，建立各种形式的贸易中心；在劳动工资、金融体制、价格体制、外贸体制等方面都进行了改革。重庆市试点的进行，使城市体制的改革有了突破性的进展和根本性的转变。

继重庆之后，1984 年 5 月，党中央、国务院又批准武汉为经济体制综合改革试点城市。武汉是长江中游地区的经济中心，是历史上有名的水陆码头和商业重镇，对全国的经济发展有重大影响。从全国意义上说，武汉是我国开发大西北、大西南资源的前沿阵地，是我国经济较发达地区向经济不发达地区实行经济技术转移的支撑点和接力站。武汉试点对于搞活华中地区的经济、发挥大城市经济中心的作用，具有特殊重要的意义。

第三，各省广泛进行大、中、小城市经济体制综合改革试点阶段。

武汉试点以后，各省陆续自行批准了一系列城市进行经济体制综合改革试点，例如：四川省选择了成都进行经济体制综合改革试点；辽宁选择了沈阳、大连、丹东；河南选择了郑州、开封、安阳等城市进行试点。在试点城市中，省确定给予省级经济管理权或代行省的部分经济审批权的试点城市有成都、太原、长春等。

为了更好地发挥中心城市的作用，这个时期在一些省还进行了撤销专区行署，由市领导县的体制改革试验。我国原有的城乡经济体制割裂了城乡之间内在的经济联系，既不利于农村经济的发展，也不利于城市经济的繁荣。为改变这种情况，必须在行政区划上撤销专区行署，将一些经济实力较强的市与它所在地区的县合并成一个经济区，由市领导县，统一组织生产和流通，把行政区划与经济区域协调起来，以促进城乡经济的共同繁荣。这项改革经过 1982 年常州等地试点以后，从 1983 年起在全国逐步实行。到 1984 年年底，全国已有 169 个 20 万人口以上的城市领导和管辖了周围500多个县，为发挥这些城市的中心作用创造了条件。

从1981年到十二届三中全会前的城市经济体制综合改革试点，是属于探索性的。虽然取得了一些成绩，但从所要达到的改革目标来说，只能算是良好的起步。城市的情况要比农村复杂得多，城市经济体制中存在的经济决策权过分集中、政企不分、条块分割、吃“大锅饭”等种种弊端，在试点中虽不同程度地触及到了，但远没有从根本上解决，还有待于在以后的实践中不断地改进。

## 三、扭住中心：增强企业活力是城市改革的中心环节

◎利改税走出了两步

◎企业必须整顿

◎厂长、经理上考场

◎“奖金不封顶”

◎厂长（经理）负责制

◎股份制试点：北京天桥首开先河

搞活企业、增强企业活力是城市改革的中心环节，这一问题现在看起来很浅显，但在当时却是总结了正反两方面的经验，付出了巨大代价才获得的正确认识。新中国成立以来，我国经济体制的几次大的变动，都是围绕着在企业经营权上是收

还是放、是归中央管还是归地方管展开的，是在行政权限的划分上做文章，企业始终未能摆脱政府机构附属物的被动无权状态，不可能达到解放生产力的目的。

通过总结经验教训以及理论和实践的探索，大家明白了城市改革必须把增强企业活力作为带动全局的中心环节，这是因为：

第一，企业特别是大中型企业所处的地位十分重要。改革的目的是建立一个充满生机和活力的社会主义经济体制，促进社会生产力的发展。企业是社会经济的细胞，是发展生产力的基本单位。当时，全国上万个大中型企业，提供了全国财政收入的80%左右。它们在国民经济的发展中起着举足轻重的作用。只有把企业与职工的积极性充分调动起来，使之成为真正的商品生产者和经营者，才谈得上发展有计划的商品经济，整个城市经济才能有活力。

第二，1979年以来，国家从扩大企业自主权入手，在合理调整国家与企业、企业与职工之间的关系方面进行了一些改革。这些改革初步调动了企业和职工的积极性。但是，改革的进展很不平衡，许多全民所有制企业特别是大中型企业的活力还不强，自我约束的行为机制还没有建立，自我发展的能力较弱，经济效益还不高，企业作为相对独立的商品生产者和经营者的地位还没有确立起来。

第三，搞活企业涉及理顺各方面的经济关系，要求计划、财政、金融、价格等体制的改革都予以协同配合，方能奏效。因此，以搞活企业为中心环节来统筹安排各项改革的步骤是必要的。这样做，一方面可以体现改革方针、政策的连续性和稳定性，另一方面可以保证国民经济持续稳定地增长，有利于正确处理改革与发展的关系，使改革在震动较小、社会经济环境较好的情况下健康发展。

为了扩大企业的自主权，处理好国家、企业、职工三者之间的经济利益关系，国家曾先后实行过企业基金制、利润留成制、盈亏包干制等办法。这些办法虽然也起了一定的作用，但由于当时各个方面的改革未能配套进行，国家给予企业的各项权利并没有全部落实，再加上企业盈利水平受各种因素的影响，国家与企业之间的利益分配关系并不固定，因而在实践中暴露出不少弊端。为了克服这些弊端，经过有选择的试点，从1983 年 6 月 1 日起，国家实行第一步利改税。

第一步利改税办法规定：凡有盈利的国有大中型企业，均根据实现的利润，按 55%的税率缴纳所得税。企业缴纳所得税后的利润，一部分上缴国家，一部分按照国家核定的留利水平留给企业。上缴国家的部分，可根据企业的不同情况，分别采取：（1）递增包干上缴的办法；（2）固定比例上缴的办法；（3）缴纳调节税的办法；（4）定额包干上缴的办法。对国营小型企业实现的利润，按八级超额累进税率征税，税后利润全部留给企业，由企业自负盈亏。这是比较彻底的利改税办法。

实践证明，第一步利改税，对企业留利作了适当调节，把国家与企业在利益分配上的关系用税收的形式初步固定下来，对促进经济发展、经济效益的提高都起了比较好的推动作用。据统计，实行第一步利改税的全国工业企业，1983 年完成产值比上年增长 9%，实行利润比上年增长 10.9%；在企业新增加的 42.2 亿元利润中，缴纳所得税和上缴税后利润占 61.8%，企业留利占 38.2%；在企业留利中，企业所得占 24.9%，职工个人所得占 13.2%，做到了在新增加的收入分配上，国家得大头，企业得中头，职工个人得小头的要求。企业留利比上年增长 25.8%[①]，这说明第一步利改税的办法比利润留成和盈亏包干的办法更具有优越性。

但是，利改税的第一步还是税利并存，仍然保留了利润留成办法的某些弊病，还没有从根本上解决企业与国家的分配关系，还不能充分发挥税收的杠杆作用，也没有完全解决条条块块对企业的束缚，作为对国营企业收入分配制度的一项完整的改革，仅实行第一步利改税是不彻底的，必须把这种税利并存的办法过渡到完全的以税代利，即第二步利改税。1984 年 9 月，国务院批转了财政部《关于在国营企业推行利改税第二步改革的报告》，并向全国发出通知，要求从当年 10 月 1 日起试行利改税第二步改革。

第二步利改税，是将现行的工商税按纳税对象，划分为产品税、增值税、营业税等；将第一步利改税设置的所得税和调节税加以改进，增加资源税、城市维护建设税、房产税、土地使用税和车船使用税；国营大中型企业在缴纳流转税和地方税后，实现的利润除继续按 55%的固定税率交纳所得税外，对剩余利润较多的企业再征收一部分调节税，其余全部留给企业，

① 许飞青主编：《中国的经济体制改革——改革的回顾与展望》，中国财政经济出版社 1988 年版，第 156 页。

由企业在国家规定的范围内自主使用，不再上缴利润。总的来说，第二步利改税有以下几个特点：（1）放宽了国有小型企业的划分标准，调整了八级超额累进所得税税率，给了小型企业更多的利益；（2）对于政策性亏损企业和微利企业可以进行补贴和实行减免税；（3）通过减征调节税，对大中型盈利企业进一步让利，使企业从增长利润中得到一些好处，增加了企业的生产动力和活力。

实践证明，实行利改税对于进一步扩大企业自主权，促进企业完善经营责任制，逐步克服吃“大锅饭”的状况，更好地运用税收杠杆，鼓励先进，促进国民经济发展，正确处理国家、企业和职工三者之间的利益关系，保证国家财政收入的稳定增长，加强财政监督等方面，都有重要的意义。

由于历史的原因，到 20 世纪 80 年代初，仍有相当多的企业，不同程度地存在着领导班子软弱涣散、职工精神不振、企业思想政治工作薄弱、机构臃肿、人浮于事、劳动纪律松弛、产品质量低、浪费严重、经济效益差等现象。针对这种情况，党中央、国务院于 1982 年年初作出了《关于国营工业进行全面整顿的决定》，要求从 1982 年起，用两三年时间，有计划有步骤地、点面结合地、分期分批地对所有工业企业进行全面的整顿。

所谓全面整顿，就是对企业进行综合治理，包括整顿领导班子、职工队伍、管理制度、劳动纪律、财经纪律、党的作风和加强思想政治工作等等。

具体来说，全面整顿要求做好五项工作：第一，整顿和完善经济责任制，改进企业经营管理，搞好全面计划管理、质量管理和经济核算工作；第二，整顿和加强劳动纪律，严格执行奖惩制度；第三，整顿财经纪律，健全财务会计制度；第四，整顿劳动组织，按定员定额组织生产，有计划地进行全员培训，坚决克服人浮于事、工作散漫的现象；第五，整顿和建设领导班子，加强对职工的思想政治教育。企业的全面整顿是建设性整顿。除了要做好上述五项工作外，还要有一个系统的、全面的建设规划，在企业管理中逐步采用现代化管理模式和进行初步改革试点。企业在整顿中进行建设的基本要求可以概括为：搞好“三项建设”达到“六好要求”。“三项建设”就是通过全面整顿，逐步地建立起一种既有民主、又有集中的领导体制，逐步地建立起一支又红又专的职工队伍，逐步地建设起一套科学文明的管理制度。“六好要求”是通过“三项建设”使企业达到三者（国家、企业、职工个人的经济利益关系）兼顾好、产品质量好、经济效益好、劳动纪律好、文明生产好、政治工作好，成为“六好企业”。

1984 年是企业整顿深入进行的一年。这一年，随着以城市为重点的经济体制改革步伐的加快，党中央、国务院陆续发布了简政放权、搞活企业的一系列政策和规定。各地区、各部门在探索企业全面整顿与落实政策措施如何紧密结合方面，总结出了很多经验。8 月 20 日，全国企业整顿领导小组召开全国电话会议，提出了“抓改革、促整顿”的指导思想，明确了在改革新形势下，整顿必须与改革紧密结合的要求，从而扭转了一些地区只抓整顿不抓改革，或者只抓改革不搞整顿的偏向，充实了整顿内容，提高了整顿水平，进一步增强了企业整顿的自觉性，加快了整顿的步伐，同时也促进和保证了改革的深入进行。

1982 年到 1984 年的全面整顿和初步改革，使工业企业的面貌发生了很大变化。列入全面整顿规划的企业，经过检查验收，到 1984 年年底已有 80％达到合格要求。企业的领导班子按照革命化、年轻化、知识化、专业化的要求进行了调整、充实。企业经营管理的指导思想、方法手段、规章制度、职能结构都发生了深刻变化。在整顿过程中，许多企业在管理思想、管理组织、管理方法和管理手段的现代化方面进行了探索和试验。除了实行全面质量管理外，有一些现代管理方法，如统筹法、优选法、控制法、价值工程、系统工程、线性规划等在一些企业试用已初见效果，并逐步推广。还有一些企业开始把电子计算机较广泛地应用于企业管理。

建设社会主义现代化企业，需要大批既有现代化的经济、技术知识，又有革新精神、勇于创新、能够开创新局面的经营管理人才，特别是企业管理干部。因此，加强企业管理干部的培训和考核，是增强企业活力，提高企业素质的一项重要内容。为此，国务院决定对全民所有制企业的经理、厂（矿）长进行国家统考，其根本目的在于使企业的领导人员通过短期的学习和培训，掌握经济政策以及企业管理的基本知识和管理技能。考试本身不是目的，不过是达到上述目的的一种手段而已。

这次企业经理和厂（矿）长国家统考，由国家有关部门按照统一要求，统一命题，然后在全国范围内分批统一考试。根据考委会审定的统考复习大纲，考试内容包括两部分：一是十一届三中全会以来我国社会主义经济建设的基本方针和政策；二是工业企业管理基本知识，诸如企业管理原理与组织、经营管理、生产管理、企业财务管理和信息管理等。



作为国家正式统考前的准备，1983 年 12 月 5 日到 6 日，在南京、重庆、上海、西安、昆明、北京、沈阳、武汉、广州、乌鲁木齐等十大工业城市举行了企业经理、厂（矿）长统考摸底测验。这次摸底测验，是为了了解企业领导干部的实际知识水平，以便有针对性地组织学习、培训，出好统考试题，并为国家正式统考探索经验。520 名领导班子已调整完毕的国营企业正副经理、厂长参加了测验。第一批企业经理、厂（矿）长国家正式统考于 1984 年 8 月 3 日和 5 日进行。参加这次统考的有工业、商业、外贸、建筑、邮电、铁道运输等行业的经理、厂（矿）长，一共 9019 人。这次统考调动了经理、厂（矿）长学习的积极性。

从 1978 年起，国营企业开始进行扩大企业自主权的试点工作，并实行了奖金制度。当时规定，企业发放奖金，一般不得超过本企业职工平均标准工资一个半月到两个月的限额，个别先进企业最高不能超过三个月。这个办法，在一定程度上调动了企业职工的积极性，但由于奖金封顶，不能随生产的增长和经济效益的提高而适当增加，结果出现了发放奖金不问经营好坏和贡献大小的平均主义倾向，不能真正起到奖勤罚懒的作用。

随着国营企业第二步利改税的实施，国家与企业之间的分配关系和企业对国家的经济责任变得更加明确，这就为企业内部推行各种形式的经济责任制，把职工的物质利益同企业提高经济效益结合起来，打破发放奖金中的平均主义和取消奖金“封顶”的做法创造了条件。为了搞活经济，进一步推动企业落实内部经济责任制，调动企业和广大职工发展生产、提高经济效益的积极性，国务院在 1984 年 4 月 16 日发布了《关于国营企业发放奖金有关问题的通知》，决定取消奖金封顶，实行奖金征税。企业发放奖金取消“封顶”，是对传统劳动工资制度的一项重大改革，它体现了按劳分配的原则，有利于鼓励先进、奖勤罚懒、克服平均主义、打破吃“大锅饭”的局面，对于提高企业素质、提高经济效益，也有很大的促进作用。

十一届三中全会以来，经济体制改革不断深入，企业自主权不断扩大，越来越显示出原来党委领导下的厂长负责制已经不能适应“对外开放，对内搞活经济”的要求。党委领导下的厂长负责制的主要问题是：党政不分、职责不清、多头领导、责权分离，因而导致企业的生产经营管理工作决策慢、效率低：厂长办一件事在厂内就要“过三关”（厂务会议、党委会、职工代表大会），一关卡住，办不成事；党委陷入繁重的日常生产行政事务，调工资、分房子、子女就业等等，都要找党委、找书记，不仅分散了党委的精力，而且严重地削弱了党的建设和思想政治工作；名义上集体负责，实际上出了事故谁也不负责或负不了责，只好不了了之。

邓小平 1980 年在《党和国家领导制度的改革》的讲话中指出：“过去的工厂管理制度，经过长期的实践证明，既不利于工厂管理的现代化，不利于工厂管理体制的现代化，也不利于工厂里党的工作的健全。”邓小平还明确指出：“有准备有步骤地改变党委领导下的厂长负责制、经理负责制，经过试点，逐步推广，分别实行工厂管理委员会、公司董事会、经济联合体的联合委员会领导和监督下的厂长负责制、经理负责制，还有党委领导下的校长、院长、所长负责制等等，也考虑有准备有步骤地加以改革。”实行这些改革，是为了使党委摆脱日常事务，集中力量做好思想政治工作和组织监督工作。这不是削弱党的领导，而是更好地改善党的领导，加强党的领导。

根据邓小平的意见，当时国家经委和有关部门搞了一些试点，包括职工代表大会领导下的厂长负责制，但都没有解决党政不分的问题。由于许多人思想准备不足，党委领导下的模式一下子还改不过来。以后在酝酿起草十二届三中全会决定的过程中，邓小平再一次提出这个问题，并委托彭真抓这件事。在彭真领导下，组织了中央、国务院的有关部门和中华全国总工会等 9 个部门（后来是 11 个）组成了调查组。1984 年彭真亲自带队到华东、东北作了两次调查。1984 年 5 月，中央办公厅和国务院办公厅联合发出通知，决定组织厂长负责制试点，确定在大连、常州两市的国营工业企业和北京、天津、上海、沈阳四个城市的部分国营工业企业中首先进行试点。并分别在常州、天津、大连召开了三次试点经验交流会，起草和修改《国营工业企业法草案》和“三个条例”。

各地在试点中着重抓了下面几项工作：第一项是统一思想，提高认识。要求在思想上明确企业是经济组织，中心任务是搞好生产经营；企业党委从日常行政事务中解脱出来，集中精力抓党的建设和思想政治工作，这不是削弱而是加强了党的领导；实行厂长负责制，突出了厂长的责任，但要调动厂长、党委和工会三方面的积极性；厂长、党委书记要解放思想，并肩战斗。第二项主要工作是选配好厂长，并由厂长提名厂级行政副职，任免中层行政干部，这是实行厂长负责制、加强生产经营指挥系统的组织保证。第三项主要工作是明确划分厂长、党委、职工代表大会的职责权限，制定厂长、党委、职工代表大会“三个条例”的实施细则。第四是把企业领导体制的改革与其他有关的配套改革措施结合起来进行，如改革分配制度、劳动人事制度、企业机构设置等。

1984 年 10 月，十二届三中全会通过的《中共中央关于经济体制改革的决定》明确指出：“现代企业分工细密，生产具有高度的连续性，技术要求严格，协作关系复杂，必须建立统一的、强有力的、高效率的生产指挥和经营管理系统。只有实行厂长（经理）负责制，才能适应这种要求。”此后，厂长（经理）负责制的试点工作继续展开。

从总的情况看，企业领导体制改革工作的发展是健康的，效果也是显著的。厂长（经理）负责制实行得比较好的企业，大都在以下几个方面发生了可喜的变化：一是建立了厂长的权威，强化了企业生产经营的统一领导，决策快，指挥灵，效率提高了。二是使企业党委从繁忙的行政事务中解脱出来了。在领导方法上，企业党委由原来对企业实行全面领导转到对生产行政工作的保证和监督上来了，由过去抓行政事务转到集中精力抓紧抓好思想政治工作和党的建设上来了。三是加强了企业的民主管理，进一步调动了职工的积极性。通过职工代表大会和其他形式，在重大问题决策前，请职工代表提意见。对涉及职工切身利益的问题，坚持由职工代表大会讨论决定。职代会还起到了维护职工的合法权益的作用。四是促进了企业内部的改革，提高了经济效益。实行厂长负责制为企业内部的改革创造了条件，如废除了企业干部终身制，实行任期或聘任制，以及企业内部的层层“组阁”，一大批具有开拓精神、懂业务、会经营的人才走上了各级领导岗位。与此同时，进一步完善了经济责任制，实行了多种形式的经济承包办法，从而进一步促进了企业经营管理的改善和经济效益的提高。

1984年我国在国营企业改革方面取得的重要突破之一，就是国营企业的股份制试点，它是在改善企业外部环境和内部经营机制的基础上，开展完全实行两权分离、创新企业制度的初步尝试。据当时担任国家经委主任的张劲夫回忆：1982年他被调到国家经委，首先抓的工作就是经济效益问题。抓经济效益就必须实现社会化大生产，要进行社会化大生产，就要在世界范围内对生产要素进行优化组合。因此，他有了改变企业“大而全”“小而全”格局，组建跨地区、跨部门企业集团的设想。要实现这一设想，科学的办法就是实行股份制。他认为：“资本主义私有制经过一百多年发展逐步形成的这一套处理产权关系的科学办法，完全可以用来处理公有制的产权关系。”①

① 张劲夫：《股份制和证券市场的由来》，《百年潮》2001年第2期。

在20世纪80年代的中国实行股份制，最大的障碍还是我们原有的僵化的意识形态问题。经济学家蒋一苇告诉张劲夫，股份制既不姓“资”也不姓“社”，而是姓“中”，它是个中性事物，既可以为资本主义服务，也可以为社会主义服务。所以，蒋一苇认为股份制姓“商”，是商品经济大发展的产物。这给了张劲夫试行股份制很大的支持。[①]

我国成立的第一家股份制企业是北京天桥百货股份有限公司，这家公司是在原天桥百货商场的基础上组建的。1983年，北京市开始进行承包试点，天桥商场与上级主管单位崇文区百货公司签订了实行经营管理责任制的承包合同，并于当年全面完成各项指标，创历史最高水平。其中，全员劳动生产率和费用水平两项指标，在全国60家大中型百货商店评比中名列第一。

在承包经营之后，天桥百货商场主动提出进行自费工资改革，把承包应得的奖金用于调整工资，这一想法得到了市劳动局及有关领导的支持。这次工资改革的成功，打破了平均主义，调动了职工的积极性，推动了经营管理工作。

然而，这些改革只是初步的。当时，天桥百货商场面临的问题是，必须扩大规模才能适应改革开放的新形势。但实际上，商场既无新的资金来源，又受到旧体制的束缚，不能自主经营。为了解决这个矛盾，他们在经过多方探索之后，选择了实行股份制的方案。这是因为，发行股票便于筹集用于开拓经营的资金；而股份公司与上级行政管理部门脱钩，不吃国家“大锅

① 李铁映主编：《中国经济体制改革重大事件》（上），中国人民大学出版社2008年版，第194～195页。

饭”，就可以实现自主经营、自负盈亏，从而走出一条新路。

国营商店不靠国家增加投资，而是通过发行股票筹集资金，这在我国是没有先例的。最初，天桥百货商场职工对此看法也不一致。有人担心，不吃国家“大锅饭”风险太大，弄不好会前功尽弃；有人担心，不端“铁饭碗”，劳保福利没有保障；部分老职工顾虑更多。针对这种情况，商场领导组织全体职工进行学习和讨论，分析了30年来商场发展缓慢的原因，展望经济改革的前景，使大家认识到：股份公司是与商品经济相联系的一种企业资产组织形式。实行股份制，有利于商品经济的发展，符合三中全会精神。认识统一后，他们积极投入了股份公司的筹备工作。

1984年，在国家及有关部门尚未制定出关于股份制的具体政策、法令及管理办法的情况下，该公司在市政府和市体改委的帮助下，从实际出发，参考国外股份制企业的经验进行探索。他们首先对公司的宗旨和性质作了规定。同时，他们还对“经营范围”“股份”“公司组织形式”“决算与盈余分配”等问题作了具体规定，确定公司股金总额为1000万元，每股人民币100元；凡本市、外省市企事业单位及个人均可购买该公司的股票，按《章程》规定享有股东的权利和取得股息或红利的权益，并承担以购股额度为限的企业亏损的经济责任。此外，他们还对公司股票的继承、转让或进入证券交易市场买卖，以及发行、登记、过户、注册、挂失等手续作了具体规定，从而为招股集资做好了准备。

1984年7月26日，天桥百货股份有限公司召开成立大会，宣布了公司的《章程》，并当场由中国工商银行代理发行了第一批股票 300 万元。发行的结果是：国家股占 50.97％，银行股占 25.89％，企业参股占 19.69％，职工个人入股占 3.46％。按照《章程》规定，由股东大会选举产生了董事会和监事会，由董事会选举了董事长，任命了总经理，完成了公司的组建工作。公司成立后，取得了法人地位，天桥百货股份有限公司也同上级管理部门完全脱钩，实现了政企分离。由于资产属于国家、集体、个人所有，因而出现了资产两重化现象，即：股东具有处置股票权，法人具有处置企业资产权。企业除了按法律规定向政府履行自己的义务外，不再接受法律以外的任何干预。公司实行董事会领导下的总经理负责制。公司董事会代表股东掌握资金，进行重大决策；总经理则向董事会承包，行使经营管理权，从而体现了所有权与经营权的分离。这是企业制度的质的变革，它标志着天桥百货股份有限公司开始从传统体制下的自然人企业，转变为现代商品经济中的法人企业。

## 四、战略攻坚：《决定》出台

◎挑战与机遇：《决定》出台前的改革形势

◎宏图初展：《决定》出台

◎一石激起千层浪：外国舆论对《决定》的反响

1984 年，我国的经济体制改革正面临着由农村转向城市、由单项改革过渡到全面改革的重要契机。

这一年，我国改革面临着如下挑战：

第一，农村改革的成功，迫切要求以城市为重点的全面改革的展开。一是农村第一步改革的成功提供了加快城市改革的有利条件。农作物产量的较大幅度的增长和农村经济的全面起步使农村生产力迅速发展，绝大部分农民的温饱问题初获解决，从而为全面改革提供了一定的物质基础和社会条件。二是农村改革的发展也提出了城市改革配套的要求。农村经济开始向专业化、商品化、现代化转变的态势，迫切要求疏通城乡流通渠道，为日益增多的农产品开辟市场，同时满足农民对工业品、科学技术和文化教育不断增长的要求。

第二，城市经济的发展趋势，也对全面改革提出了内在要求。到 1984 年，我国城市企业已有 100 多万个，职工达 8000 多万人。仅城市工业企业提供的税收和利润，就占全国财政收入的 80%以上。由于城市经济体制改革还没有从根本上展开，长期以来形成的政企不分、权力高度集中、企业缺乏活力的经济体制的弊端还没有从根本上得到克服，严重影响着城市经济潜力的挖掘和发挥。这种情况与城市在国民经济和现代化建设发展过程中应当担负的历史使命极不相称。只有加快经济体制改革的步伐，城市经济才能从根本上获得发展。

第三，新的世界技术革命也对我国经济发展提出了挑战，要求我国加快经济体制改革的步伐。从第二次世界大战以后开始的新技术革命，到 20 世纪 70 年代末 80 年代初世界经济的巨大发展，使社会经济领域和人们的生活又一次经历深刻的变革。这次科技革命对我国的经济发展带来两种可能：一是抓住这一时机，广泛利用新技术，缩小我国在经济和技术上与发达国家的差距；二是像过去一样失去时机，使这种差距进一步扩大。而要实现第一种可能，就必然要求我国的经济体制具有吸收当代最新科技成就、推动科技进步、创造新的生产力的巨大能力。这就使对原有经济体制进行全面改革的要求更为迫切。

从另一方面看，历史发展在对全面经济体制改革提出迫切要求的同时，也为它提供了有利条件。第一，从政治环境上看，我国安定团结的政治局面日益巩固，拨乱反正工作的胜利完成，使历史遗留问题得到基本解决。一心一意搞“四化”已成为全党和全国人民的共识和共同行动。第二，从经济环境上看，国民经济调整工作取得阶段性胜利，它使国民经济初步摆脱比例严重失调的困境，走上正常发展的轨道，为全面改革提供了一个相对宽松的经济环境。第三，全面改革有了广泛而深厚的群众基础和思想基础。改革的初步实践的成功使越来越多的人体会到它带来的变化和好处，也对原有经济体制的弊端有了更深切的认识。第四，党中央和国务院已从前几年的城市改革的试点中积累了领导改革的初步经验。从中央到地方的广大干部在实践中得到了锻炼，有了推进城市改革的信心。同时，初步改革在理论上和实践上的探索使执政党对中国国情和改革过程中某些规律性的东西有了更进一步的认识，使得一些较能反映中国改革实际的理论概括成为可能。

1984 年 10 月 20 日，中共中央召开的十二届三中全会，总结了社会主义建设正反两方面的经验，按照建设有中国特色的社会主义的总要求，通过了《中共中央关于经济体制改革的决定》（以下简称《决定》）。《决定》根据解放思想、实事求是的原则，运用马克思主义的基本原理，回答了社会主义建设实践中的一系列重大问题，初步规划了我国经济体制改革的蓝图。[1]

《决定》突破长期以来把商品经济与社会主义计划经济相对立的传统观念，提出了社会主义有计划商品经济理论，并根据发展社会主义有计划商品经济的要求，规定了改革的方向、性质和任务。

《决定》指出：商品经济的充分发展是社会主义经济不可逾越的阶段，是实现我国经济现代化的必要条件。只有充分发展商品经济，才能把经济真正搞活，促使各个企业提高效率，灵活经营，灵敏地适应复杂多变的社会需求。在商品经济和价值规律的问题上，社会主义经济同资本主义经济的区别不在于商品经济是否存在和价值规律是否发生作用，而在于所有制是否相同，在于剥削阶级是否存在，在于劳动人民能否当家作主，在于为什么样的生产目的服务，在于能否在全社会的规模上自觉地运用价值规律，还在于商品关系的范围是否相同。《决定》关于把计划经济与价值规律、商品经济统一起来的思想，为我国全面的经济体制改革奠定了理论基础。在此基础上，《决定》对于改革的方向、性质、任务作了正确的规定。指出：经济体制改革的基本任务是建立起具有中国特色的充满生机和活力的社会主义经济体制，促进社会生产力的发展。经济体制改革的性质是在坚持社会主义的前提下，改革生产关系

① 贺耀敏主编：《中国经济发展的轨迹》，中国人民大学出版社 2014 年版。

和上层建筑中不适应生产力发展的一系列相互联系的环节和方面，是社会主义制度的自我完善和发展。是否有利于发展社会生产力，是检验改革得失成败的主要标准。

《决定》根据发展社会主义有计划商品经济的要求，提出了一系列改革的基本方针和政策。《决定》指出：经济体制改革的中心环节是增强企业活力，特别是增强全民所有制大中型企业的活力。为此，主要应解决两个方面的关系问题：一是确立国家和企业之间的正确关系，扩大企业的自主权；二是确立职工和企业之间的正确关系。这势必牵动整个经济体制的各个方面，需要有步骤地对各项管理制度进行配套改革，其中有三个突出的问题：

一是计划体制问题。计划体制是我国经济管理体制的核心。具有行政约束力的国民经济计划，是全国范围内经济组织和资源配置的主要手段。实践证明，这种管理体制不能适应复杂多变的社会生产和社会需要，容易背离价值规律，扼杀企业经营和群众生产的积极性。所以，必须改革原来的计划体制，建立有计划的商品经济新秩序，充分发挥市场应有的调节作用。

二是价格改革问题。计划体制基础上的价格体系极不合理，商品的价值与供求关系得不到合理的反映。随着企业自主权的进一步扩大和国家管理由直接管理向间接管理的过渡，价格对企业、地方、部门经营活动的调节作用越来越显著，建立合理的价格体系的任务更为紧迫。所以，在计划指导下发展商品经济，要做到活而不乱，关键是要改革不合理的价格体系和价格管理体制。

三是国家领导经济的职能问题。计划体制的改革、价值规律的运用，必然要求国家领导经济的职能实行相应的变化，这是能否保证改革顺利进行的大问题。

围绕增强企业活力需解决的上述三个问题，《决定》作出了明确的回答，并提出了一系列构想。

对计划体制改革的构想是，建立自觉运用价值规律的计划体制，即有计划的市场经济体制。国家的计划虽然存在，但主要农副产品的生产和交换完全由市场调节。国家计划分指令性计划和指导性计划两种。指令性计划包括由国家调拨的关系国计民生的重要产品和关系全局的重大的经济活动，但必须运用价值规律；同时指令性的范围要适当地缩小，指导性计划的范围要适当地扩大，并靠经济杠杆的作用来实现。

对价格改革的构想是，建立合理的价格体系。一方面，在保证人民实际收入逐步增加的前提下，根据生产的发展和国家财政的承受能力，按等价交换和供求关系的变化，对不合理的价格体系进行调整；另一方面，在调整价格的同时，改革过分集中的价格管理体制，逐步缩小国家定价范围，适当扩大有一定幅度的浮动价格和自由价格的范围，使价格能够比较灵敏地反映社会劳动生产率和市场供求关系的变化。

对国家领导和组织经济职能改革的构想是，实行政企分开，简政放权。政府机构管理经济的主要职能是：制定经济和社会发展战略计划、方针和政策；制定资源开发、技术改造和智力开发的方案；协调部门、地区、企业之间的发展计划和经济关系；部署重点工程特别是能源、交通和原材料工业的建设；汇集和发布经济信息，掌握和运用经济调节手段，制定并监督执行经济法规；按规定的范围任免干部；管理对外经济技术交流和合作等。这样，政府干预经济的行政手段减少，原则上不再直接经营管理企业，只能学会掌握经济杠杆来推动经济运行。所以，一方面，越要搞活经济，越是要重视宏观调节，善于在及时掌握经济动态的基础上综合运用价格、税收、信贷等经济杠杆，合理地调节社会供应总量和需求总量、积累和消费等重大比例关系，调节财力、物力和人力的流向，调节产业结构和生产力的布局，调节市场供求，调节对外经济来往等；另一方面，正确运用法律手段，把越来越多的经济关系和经济活动准则以法律形式固定下来。①

《决定》是指导我国经济体制改革的纲领性文件，极大地推动了我国改革的进程，标志着我国经济体制改革由农村为重点的局部改革转向以城市为重点的全面改革。《决定》也引起了全世界广泛的兴趣和高度的重视。许多国家的报纸、通讯社和电台发表社论和评论，指出中国的经济体制改革将“为现代化开辟广阔的前景”，称《决定》是“中国式社会主义的宪章”和“集现代化政策之大成”的文件②。

① 《中共中央关于经济体制改革的决定》，引自《经济体制改革手册》，经济日报出版社 1987 年版，第 3～14 页。

② 《外国舆论评我国经济体制改革》，载《半月谈》1984（21）。

## 五、宏图大展：十二届三中全会后的城市改革

◎各项改革措施纷纷出台

◎改革大潮万马奔腾

◎经济生活出现崭新变化

在加快改革开放，建立社会主义有计划的商品经济的总的改革思想的指导下，伴随着《中共中央关于经济体制改革的决定》的出台，酝酿已久的一些重大改革措施相继实施，主要有以下几个方面：

（一）进一步扩大企业自主权，企业开始获得内在的动力和活力。1985年9月，国务院批转颁布了国家经委、国家体改委《关于增强大中型国营企业活力若干问题的暂行规定》（即扩权14条），针对企业中普遍存在的技术、管理、设备落后，效益低下，企业缺乏自我改造、自我发展的能力的状况，根据政企职责分开、简政放权的原则，从提高经营管理水平和职工队伍素质，制定经营发展战略，企业内部实行分级分权管理，搞好企业全面质量管理，降低消耗和成本，综合利用能源和资源，开展一业为主、多种经营，发展企业间的横向联系，改进物资供销办法，缩小指令性计划，减免调节税，给部分大型企业直接对外经营权，清理和整顿公司，实行政企职责分开和简政放权等14个方面，从企业内部和外部进一步扩大了企业自

主权，为进一步搞活企业创造了条件。

（二）发展横向经济联系，促进横向经济联合。1986 年 3 月，国务院召开了全国城市经济体制改革工作会议。会议通过了《关于进一步推动横向经济联合若干问题的规定》，指出：发展横向经济联合是发展社会主义商品经济的客观要求，有利于资源开发和资金利用，有利于商品流通和社会主义统一市场的形成，有利于促进技术进步和人才的合理流动，有利于经济结构和生产布局的合理化，是经济体制改革的重要内容。横向经济联合必须在自愿的基础上遵循扬长避短、形式多样、互愿互利、共同发展的原则，联合的重点是企业之间的联合，提倡以大中型企业为骨干，以优质名牌产品为龙头，组织生产与流通、生产与科技、军用与民用、原材料工业与加工工业之间在人才、资源、资金、技术、商品购销等方面的横向联合，这种联合可以是紧密型的，也可以是松散、半松散型的。《规定》还对横向联合中的计划管理和统计方法、物资流通和资金融通、征税办法等方面作了相应的规定。《规定》和随后发布的一系列配套文件，有力地促进了横向联合的发展，使横向经济联合进入了一个新阶段。

（三）在计划体制上，进一步缩小了生产、流通领域的指令性计划的范围，下放了计划管理权限。在工业方面，国家计委管理的工业生产指令性计划产品品种，由 1984 年的 120 种左右减少到 1986 年的 60 种左右，其产值占全国工业总产值的比重，由 40%下降到 20%左右。在流通方面，国家统配物资由 1984 年的 25 种减少到 20 种。国家计委管理的指令性计划供应出口商品由70种减少到36种，指令性计划收购调拨商品由65种减少到20种。除品种减少外，统配物资占社会总资源的比重也逐渐下降，到1986年，钢材为53%、煤炭为42.3%、水泥为16.2%、木材为30%，市场调节范围进一步扩大。从1985年开始实施指导性计划的生产总量指标，国家只下达到部门和省、区、市。在商业方面，国家直接管理的消费品品种，由1978年的55种下降到1986年的22种，国家统一定价的商品由113种减少到25种。同时，对一些中心城市和沿海开放城市以及一些企业集团实行计划单列。继对重庆、武汉、沈阳等城市实行计划单列以后，对大连、广州、哈尔滨、西安、青岛、宁波等城市和海南行政区实行计划单列，赋予其相当于省一级的经济管理权限，促进了中心城市作用的发挥；为了打破条块分割、促进横向联合，还在国家计划中对解放汽车工业公司、东风汽车工业联营公司、重型汽车工业联营公司、华能精煤公司等企业集团实行了计划单列。

（四）在价格体制上，1985年在城市放开蔬菜、肉类、禽蛋、水产品等主要副食品的价格，由市场进行调节。这次改革刺激了农副产品的生产，供应质量和数量都有很大提高，减少了财政补贴，大中城市的蔬菜补贴从1984年的将近12亿元减少到1986年的7亿元。在工业生产资料价格方面，先后提高了煤炭、生铁、木材、水泥、有色金属等生产资料的价格。能源、原材料等生产资料采用了双轨过渡的价格形式，即主要生产资料由国家统一调拨分配部分实行国家计划价格，超产部分或计划外部分实行浮动价格、议价或市场价格，从而为开放生产资料市场创造了条件。同时，有的城市还试行了计划内外物资按同一价格供应、差价返还等办法，在价格双轨制向单轨制的过渡方面进行了有益的探索。在工业品价格方面，逐步缩小了国家定价的比重。到1986年，各类商品实行浮动价和市场价的比重，农副产品占65%，工业消费品占55%，生产资料占40%，此外还有1000多种小商品的价格已先后放开。在工业消费品中，国家定价的比重占销售额的40%左右，大部分实行国家指导价或市场调节价。这对于促进消费性工业品的生产和流通，改善产品结构和市场供应，都起到了积极的作用。

（五）在投资体制上，1984年12月，财政部、国家计委等单位作出《关于国家预算基本建设投资全部由拨款改为贷款的暂行规定》，指出：为了有偿使用国家财政资金，提高经济效益，从1985年起，凡是由国家预算安排的基本建设投资全部由财政拨款改为银行贷款（简称“拨改贷”），同时，对“拨改贷”的计划管理、资金来源、利率、借款合同、贷款支付等问题作了相应的规定。“拨改贷”的实行，在一定程度上硬化了企业的预算约束，抑制了企业的投资需求，取得了一些成果。

（六）在金融体制上，建立以中央银行为中心的社会主义金融体系。1986年1月，国务院发布了《中华人民共和国银行管理暂行条例》，分别就中央银行、专业银行、其他金融机构、货币发行管理、信贷资金管理等问题作了专门规定，加快了金融体制改革的步伐。金融改革的试点城市从5个发展到12个，这些城市普遍开展了金融机构同业拆借业务，促进了资金流通，打破了资金纵向分配的办法。同时加强了中央银行在金融体系乃至整个国民经济中的宏观调控作用。

（七）在劳动工资制度上，1984年以后，随着企业扩权、推行经济责任制，企业的工资、奖金分配也进行了多种形式的改革试验。大部分企业实行奖金随经济效益浮动的办法，一部分大中型国有企业进行了工资总额同企业经济效益按比例挂钩浮动的试验，主要做法有吨煤工资含量包干、建筑施工企业百元产值工资含量包干等，有大约5%的大中型企业试行了工资同上缴税利浮动的办法。国家对企业的工资实行分级管理的体制，即国家负责核定省、自治区、直辖市和国务院有关部门所属的企业的工资总额，及其随同经济效益浮动的比例。每个企业的工资总额和浮动比例，由省、自治区、直辖市和国务院有关部门，在国家核定的范围内逐级核定。同时规定企业与国家机关、事业单位的工资改革和工资调整脱钩。企业职工工资的增长应依靠本企业经济效益的提高，国家不再统一安排企业职工的工资改革和工资调整。1985年下半年，将企业原有的300多种工资标准简化为三类产业五个工资标准，企业普遍参考新的工资标准，进行了套级和升级。国家机关和事业单位从1985年开始实行以职务工资为主的结构工资制。1986年在对已出台的改革措施进行消化完善的同时，在工资分配上又进行了新的改革探索，在国家规定的工资总额和政策范围内，把职工的工资、奖金分配权交给企业，由企业自主决定分配形式和方法。

在劳动制度上也进行了一系列改革。一是对新招收的职工开始实行合同制。到1985年年底，全民企业已招收合同制职工 518 万人；二是实行了待业社会保险，全国有 600 多个市、县实行了退休费社会统筹；三是企业可以辞退违纪职工；四是颁布了《企业破产法》。这些措施对于打破“铁饭碗”，调动职工的积极性，起了积极的作用。

（八）在城市经济体制改革试点方面有了新的进展。到 1986 年年底，全国共有综合改革试点城市 72 个，中等城市政府机构改革试点 16 个，住宅制度改革试点城市 14 个，金融体制改革试点城市 27 个，生产资料市场改革试点城市 13 个。全国有 1/3 的地区实行了市管县的体制。通过改革，增强了城市的生产流通中心、金融服务中心、技术文化中心的枢纽作用和辐射能力，城市管理经济的职能正在向统筹、协调、服务、监督等方向转变。

从以上方面可见，十二届三中全会以后，以城市为重点的经济体制改革迈出了较大的步伐。这些改革极大地改变了中国的经济面貌，使中国的经济生活发生了以下五个方面的变化：第一，在所有制结构方面，过去那种同生产力性质和水平不相适应的单一的公有制结构，正在逐步向社会主义公有制为主体的、多种经济形式和多种经营方式共同发展的结构转变。第二，在企业和国家的关系方面，企业已经开始从过去那种行政机关附属物的地位，逐步地向相对独立的商品生产者、经营者的方向转变，其中若干企业由单纯生产型转化为生产经营型和经营开拓型。第三，在市场方面，过去那种统购统派、统购包销、凭票供应、计划分配的状况，开始转变为合同定购、议购议销、自由购销等多种形式；过去那种单渠道、多环节、封闭式的流通体制，正在朝着多渠道、少环节、开放式的方向改革。第四，在对内对外经济联系方面，过去那种对外封闭、对内条块分割封锁的状况，正在向开放型经济转变。第五，在宏观管理方面，过去那种主要用行政手段、高度集中的传统体制，那种以直接控制为主的管理方式，开始向以间接控制为主的管理方式转变，缩小了指令性计划的范围，加强了财政、税收、银行等经济杠杆的作用，做到宏观控制和微观搞活。可以说中国已经走出了一条发展社会主义商品经济，搞活企业、搞活流通、对外开放、逐步改进宏观经济管理的新路子，而作为这两个阶段转折点的十二届三中全会及其《决定》，更因其里程碑的意义，在共和国史册上写下了浓墨重彩的一笔。

# 第三章

## 惊涛拍岸：沿海大开放

春潮涌动——1984年的中国

我们的祖辈不辞辛苦，修筑了万里长城，本希望能够保佑他们的子孙安享太平祥和的生活。可是，侵略者从海上来到中国，他们首先蹂躏着东南沿海的地区和人民。东南沿海被迫对西方列强和侵略者开放，从而上演了近百年来中国半殖民地半封建社会的历史悲剧。

时光荏苒，在20世纪70年代末，沿海地区又一次面临着严峻的选择，是抓住时机，加快开放与开发；还是墨守成规，甘愿落后与贫穷？十一届三中全会为沿海地区的起飞提供了契机，在这次具有深远历史意义的会议上，邓小平毅然决然地做出了对外开放的战略抉择。从此，开放重新塑造了中国：

1979年1月31日，党中央、国务院决定在广东蛇口举办工业区，由香港招商局集资实施。它恰似一石激起千层浪，带来此后一连串的重大举措。同年7月15日，中央同意广东、福建两省的报告，决定对两省的对外经济活动，实行“特殊政策和灵活措施”。这是一个爆炸性新闻，在全国引起轰动。

1980年8月26日，五届人大常委会第15次会议决定，在广东省深圳、珠海、汕头和福建省的厦门设立经济特区，由此真正拉开了我国对外开放的序幕。

1984年5月4日，党中央、国务院决定进一步开放大连、秦皇岛、天津、烟台、青岛、连云港、南通、上海、宁波、温州、福州、广州、湛江、北海14个沿海港口城市，它们同四个特区一起，成为我国对外开放的前沿地带。

1985 年 2 月 18 日，党中央、国务院决定，把长江三角洲、珠江三角洲和闽南厦门、漳州、泉州三角地区，开辟为沿海经济开放区。

1988 年 4 月，七届人大批准设立海南省，决定划海南全岛为经济特区。在海南如此辽阔的地区设立经济特区，无论从何种角度讲，都是我国改革开放时期最有意义的一件大事。海南一跃成为全国最大的特区，成为我国经济、政治和社会改革开放重要的试验场。

至此，在我国从南到北辽阔的海岸上，形成了拥有近两亿人口，由四个经济特区、14 个沿海开放城市、长江珠江三角洲、闽南三角地区、海南省构成的宽阔的沿海经济开放地带。

## 一、开放的大门不能关

◎外面的世界很精彩

◎中国的发展离不开世界

◎比较出了差距

◎闭关自守教训深刻

当中国在 20 世纪 70 年代末 80 年代初小心谨慎地打开自己的国门时，一向沉湎于自我陶醉的国人忽然发现，我们外面的世界原来是那样精彩，而我们对世界的认识还停留在三四十年代。这种差距突出地表现在以下三个方面：

一是整体经济发展较慢，综合经济实力不强。最能反映一国经济实力的指标是国民生产总值（GNP）。1955年，中国GNP占世界总数的4.7%，1980年下降到2.5%；1960年，中国的国内生产总值（GDP）与日本相当，而到1980年只及日本的四分之一，1985年更下降到五分之一；1960年，美国的国内生产总值超过中国4600亿美元，到1985年超出额竟高达37000亿美元；中国的人均GNP（400美元）与西方发达国家（20000美元）相比，只及对方的五十分之一！即使扣除统计与汇率的偏差，也不会达到十分之一。

也许，与发达国家相比，我们有许多不可比的历史与社会因素，但是，与发展中国家和地区相比较，应该有一定的说服力。以我们身边的亚洲“四小龙”为例，在20世纪五六十年代，它们的发展水平还较低，与中国大陆相比并无什么优势。相反，它们的劣势却很多——人多地少，资源较为贫乏。20世纪60年代初，中国台湾的人均国民生产总值不到200美元；韩国只有87美元，根本没有什么工业；新加坡、中国香港则是以贸易转口为主的小城市，根本无法与上海这颗“东方的明珠”相提并论。然而，在中国大陆计划经济时代，我们身边的亚洲“四小龙”却大胆地走向世界，以其灵活的外向型发展战略，将自己融入世界经济的滚滚潮流之中，从而迅速地崛起。它们的成功经验就是：创造有利条件，积极有效地通过各种渠道吸引外部资金，以弥补本国因贫穷而造成的资金缺口，迅速促进社会经济的全面高速发展；积极引进国外先进技术，着重消化吸收与普及，迅速改变本国、本地区技术落后的状况，缩小与发达国家的技术差距，增强本地区工业生产能力并促进产业结构升级；树立增长领先、出口第一的开放观念，目光紧盯国际市场，积极建立出口加工基地，扩大出口，开拓并占领国际市场，建立以出口导向型产业为核心的对外贸易体制。它们把利用外资、外国技术和对外贸易紧密有机地联系起来；以发展外贸为龙头，以利用外国资金和技术为两翼，三位一体地面向世界，从自身与世界的对比中不断吸取营养、获得动力，赢得经济的高速增长。

二是教育发展水平落后。教育发展的程度和教育普及的状况，是衡量一个国家和地区现代化程度的主要标志。大批经过良好教育的人才，是任何一个国家、任何一个社会发展最主要的后备力量。无数事实证明，现代社会的任何进步与经济的发展，都离不开科学技术和教育，而科技发展的状况，从根本上讲取决于教育的发展。教育早已成为民族振兴和国家富强的强大力量。20 世纪 60 年代以来，几乎世界上所有的工业化国家，都把科学技术和教育摆在最重要的位置上，认为教育是生产发展的首要因素。更为重要的是，人们普遍认识到，未来的世纪是知识的世纪，未来世界最主要的竞争，将是科学技术的竞争，也就是人才的竞争，而归根结底，首先是教育的竞争。

正是因为如此，20 世纪以来的世界各国的教育经费都在不断增加，而且越是发达国家，其教育投资越多。例如，世界发达国家的人口只占世界总人口的约 1/3，但其教育经费，却比发展中国家多 10 倍以上。中国人口占世界人口总数的 1/5，但教育经费却连 1/30 都不到！从新中国成立到 1983 年的 34

年中，教育总投资为1348.51亿元，平均每年只有38.5亿元。人均教育经费只有10多元人民币，也仅仅能买几支笔和几本作业本，还不够买半张书桌，是世界14个人均教育经费不足5美元的国家之一。① 把一个国家主要的投资和精力都放在重工业上，可以取得短期的和一时较快的经济发展。但是，数十年忽视和轻视教育发展的后果，只能使我国经济发展的后劲不断萎缩，这种寅吃卯粮的做法，其危害绝不是用金钱能够计算清楚的。

三是社会发展速度滞缓。由于长期的封闭和传统的计划经济体制的束缚，中国的社会发展也日渐滞缓，活力严重衰减。到20世纪80年代初，中国的整个社会经济发展状况都较为落后。据美国的埃思蒂斯教授计算，在教育、保障、妇女、国防、经济、人口、地理（包括耕地、灾害率、灾害程度等）、政治参与、文化多元化、社会福利十个方面36个社会经济指标的综合分析结果中，统计的124个国家和地区的平均分为100分，排在世界第一的是丹麦，总分为207分；中国的社会发展水平名次排在第77位，为倒数第48位，所得总分为74.4分，远在世界平均分100分之下。其中教育为12.1分（世界最高为25分），经济15.7分（世界最高为27.8分），健康14.2分（世界最高为24分），文化多元化15.8分（世界最高为20.2分），人口负1.3分（世界最高为22分），地理负3.3分（世界最高为23分）。这组对比数字，虽然或多或少地包括

① 贺耀敏等：《市场经济新机遇》，中国人民大学出版社1993年版，第35页。

某些意识形态和价值观念的偏差和误解，但是，有一点可以说明，中国社会发展指标的落后状况，却是不能否认的事实。

以上三点，就是中国在 20 世纪 70 年代末 80 年代初打开国门时，在震撼与惊奇之后的冷静对比中所面对的基本国情。邓小平坚定地指出：中国长期处于停滞和落后状态的一个重要因素，是关闭国门、闭关自守。经验证明，关起门来搞建设是不能成功的，中国的发展离不开世界。

20 世纪 80 年代初的中国，终于开始正视现实，打开国门了。希望源于失望，奋起始于忧患，唯有清醒的反思、理性的对比，才能引发如履薄冰、如临深渊的危机感，才能焕发出勤奋创业的使命感，才能使我们整个民族有一种强烈的抓住每一个稍纵即逝的机遇的责任感。

中华民族并非一个封闭的民族。它对古代世界各国文明（包括经济、文化、科学技术和生产方式等等）既具有博大的包容性，又具有强烈的吸引力。在中国历史上，曾经有过几次外族入侵、以武力占据中原的朝代，但结果总是中原人民吸收了外族的优点和长处，同时对之进行同化融合，使其成为统一的中华民族的一部分。明末清初，正是西方资本主义开始向外扩张发展的时候，也是中国实力强盛、科技发达和对外开放的大好时期，但是，中国落伍了。美国的 N. 金格里奇曾在《机会之窗》一书中有这样一段论述："公元 1400 年，中国是世界上最强大最先进的探险王国。那时，中国的舰队比欧洲任何舰队都强大得多，他们到过遥远的印度尼西亚和马达加斯加进行探险。若能继续下去，也许他们已在非洲之角击败葡萄牙，并在大西洋沿岸与其相遇。”

这就是我们引以为豪的郑和下西洋时期。也就是说，中国本应该有更强的探险精神和更大规模的对外开放的。但遗憾的是，由于国内矛盾的激化，以及西方列强的侵略威胁，明末清初的几代皇帝，开始反其道而行之，推行“海禁”政策，从主动的对外开放逐渐蜕变成为日益顽固、被动的闭关锁国，从而使中国失去了吸纳全球文明成果的历史性机会。

1840 年鸦片战争以后，英国用炮舰打开了中国的大门，大清王朝的声威扫地。尽管在外来侵略与国内封闭的困境中，也有林则徐、魏源等人的开放意识，以及“洋务运动”“戊戌维新”的开放变革，乃至孙中山幻想实现资产阶级共和国的“建国方略”。但这些开放与变革的火种，总是在顽固的守旧势力的重压之下，犹如黑夜中的点点烛光，一次次地被狂风吹灭。

新中国成立以后，由于 20 世纪 50 年代美国的封锁和 60 年代苏联的压抑政策，使中国的对外开放成效不大。更为重要的是，我们片面地曲解了自力更生的方针，特别是在“文化大革命”中，把发展对外关系斥之为“出卖资源”“卖国求荣”“洋奴哲学”，把经济孤立主义发展到登峰造极的地步，中国与世界的联系几乎全部中断。一直到 1979 年，中国才从理论和实践上真正确立了对外开放的基本国策。

就这样，中国一次又一次地与世界文明、与历史性的机遇失之交臂。18 世纪末到 19 世纪中叶，在以蒸汽机为动力，以纺织、煤炭、钢铁、铁路为标志的第一次产业革命中，英国崛起，而此时中国开始沦为西方列强的半殖民地；19 世纪末到

20世纪20年代，在以电为动力，以石油、化学、汽车、航空为标志的第二次产业革命中，美国和德国崛起，而中国却沦为列强的半殖民地，国内更是军阀割据、内战频仍；20世纪50年代到70年代，以核能为动力，以计算机、自动化、化工、机械、航天为标志的第三次产业革命，又使日本、亚洲“四小龙”从中获得经济发展的强劲动力，而我们却又一次未能抓住机遇，却在狂热的“大跃进”和“文化大革命”中空耗了大量人力、物力、财力资源。

纵览中国近五千年的悠久历史，它曾经多么强盛，强盛得令人叹为观止；又曾经多么衰败，衰败得令人痛心疾首！这其中似乎隐含着这样一个启示：当古代对外开放时，则强盛，而且愈强盛愈开放，愈开放愈强盛；当近代中国闭关锁国时，则衰败，而且愈衰败愈封闭，愈封闭愈衰败。中国历史上，强盛与对外开放，衰败与闭关锁国，的确是两个不可分割的伴生物。

闭关锁国的悲剧再也不能重演了，开放的大门再也不能关闭了！

## 二、办特区，就是要横下一条心

◎体制“脱敏”与体制试验

◎边陲小镇起波澜

◎我们为什么要搞特区

◎特区就是要“特”

始于20世纪50年代的计划经济体制，虽然使我国摆脱了新中国成立初期那种严峻的经济困难，克服了难以想象的巨大经济障碍，我们的国家终于挺起了工业化的脊梁。但是，这种计划经济体制完成了历史使命之后，却没有及时地退出历史舞台，而是继续存在并发挥作用，成为我国经济现代化的严重阻力。到20世纪70年代末，我国的经济体制已到了不破就不能发展的地步。

就在整个中国仍围绕并禁锢于种种体制、政策和观念束缚之中而难以自拔时，在中国南方的广东与福建，在远离我国政治和文化中心的边陲，在那几个地图上都很难找到的不起眼的小城市，开始了一场始料未及的、牵动全国乃至整个世界的伟大试验。这个试验，就是办特区。什么是特区？特区的关键是一个“特”字，说得更直截了当些，就是在我国划出一些地方，大胆地进行试验。特区试验的成败，关系到我国当时以及未来的发展。

中国实在是封闭得太久了，因而对许多东西都那么容易“过敏”。特区正是在我国体制“过敏”、思想“过敏”中发展起来的。

办特区，就要打开国门。上一次的国门是西方列强用坚船利炮从外面打开的，我国是在毫无准备和极不情愿之下，被强行拖进世界资本主义体系之中的。这种开放，使中国人民尝尽了苦难，受尽了凌辱，使人民对外部世界感到陌生和恐惧。而这一次，是走向世界并参与国际生活的美好愿望推动着我们主动打开国门的。那么，如何才能真正回到世界舞台并发挥我国在国际事务中的积极作用？如何才能更快、更好地打开我们的国门？又如何在与外界的接触中保持自我？对这些问题，没有现成的答案。而这一次打开国门，我们能否以一种崭新的面貌出现在世界舞台上，这都是未卜难知的问题，前途并非一片光明。加之“左”的思想影响深入到一些人的骨子里，这又使每一步开放都被视为是对西方资本主义的让步，是对社会主义理想的背弃。这一切，使中国的对外开放面临艰难的选择——要不要开？应当怎样开？

我国建立经济特区，正是在这种形势下提出来的。实际上，翻开世界历史的长卷，我们不难发现，“特区”这类尝试早已是一些国家和地区发展经济的重要方式之一。早在 17 世纪中叶，意大利西北部的热那亚被开辟为自由港。此后，世界上的各种自由贸易区、自由港、出口加工区、自由边境区等，随着世界贸易的不断发展而大量产生。到 20 世纪 80 年代，已有 70 多个国家和地区设有各种形式的“特区”，总数达四五百个之多。这些地区都以其优惠的条件吸引外来投资，引进先进技术，兴办各类事业，为区域的开发建设和发展所在国家和地区的经济做出了无法估量的贡献。我国能不能也办特区，让特区也为我国的经济发展和学习外国服务呢？

办特区需要有勇气，还需要有魄力！

## 三、敢为天下先：蛇口工业区的创办

◎李先念批准设“绿洲”

◎谷牧知难而进

◎“蛇口模式”名扬全国

蛇口位于深圳市西南的南头半岛的南端，背靠大南山，面临深圳湾，与香港新界隔海相望。蛇口水深岸平，可建船坞、造码头，还靠近深圳西沥水库的水源，地理位置优越。十一届三中全会后，中国对外开放的大门首先就是从蛇口打开的。

1979年年初，即在正式建立深圳经济特区之前，香港招商局就首先提出在蛇口所在的南山半岛2.14平方公里的范围内，采用一些灵活措施，把外国的一些先进管理经验、先进技术和知识引进来，以便在临近港澳的这块荒凉之地，创造出一块繁荣富裕的“绿洲”来。这个方案很快得到广东省人民政府的支持和国务院的批准。李先念批示：“拟同意。请谷牧召集有关同志议一下，就照此办理。”随后，谷牧副总理召集国务院有关部门负责人研究落实李先念的批示。国务院同意招商局在蛇口地区办厂，采取特殊的经济政策，货物、人员进出口自由，工业区的行政管理由广东省负责，企业管理由招商局按香港办法实行，工人工资发放原则既参照香港又照顾国内。广东省也大力支持在蛇口建立工业区，提出用电由省电力局负责，用水由宝安县负责。

蛇口工业区的开发和建设，是从最艰苦的“四通一平”

（通路、通电、通航、通信和平整建筑用地）基础工程建设开始的。工业区指挥部在荒滩上搭起活动房，从总指挥到技术人员和普通工人，大家吃住在一起。他们背着水壶，冒着酷暑，跋山涉水，勘测地形，组织施工，夜以继日地奋斗。在一年零九个月的时间内，基础设施基本完工。这些基础设施的建成，为引进外资创造了良好的环境，为经济的腾飞奠定了基础。在进行“四通一平”基础建设的同时，蛇口工业区按照国家规定的优惠条件，在建设起步阶段就引进了 14 个项目，总投资额达 5 亿港元。与此同时，还建造了办公楼、食堂、职工宿舍等。工业区优良的投资条件，对外商、港商产生了很大的吸引力。1979 年 12 月，香港招商局与瑞士大昌洋行集团有限公司达成协议，共同组建中瑞机械工程有限公司，这是新中国第一家中外合资企业。

1982 年前后，进入蛇口的成批企业建成投产。100 余家三资企业的陆续建成、投产和“产业结构以工业为主、办企业资金以外资为主、产品市场以外销为主”的“三个为主”的经营战略使蛇口工业区声誉大振，“蛇口模式”名扬全国。“蛇口模式”比较鲜明的特点是：一是在引进上重视工业项目的开发，重视出口创汇能力。对于引进工业项目，坚持“五不要”的原则，同时对创汇能力低、不能打入国际市场的项目不予接受。因此，蛇口工业的发展能保持较高的起点，并能形成较快的速度，经济效益也较好。二是重视运用经济手段，重视办事高效率。对外资企业较少使用行政手段进行干预，主要靠国家法律、法令和有关的经济法规进行管理，办事扯皮少，时间观念强，强调效率。三是勇于创新，大胆进行改革探索。这包括实行党、政、企分开，给企业以充分的活力，并在劳动人事制度上实行招聘、选举制，工资制度方面推行岗位、职务工资制，与此联系，实行职工住房商品化，工程建设方面较早地实行工程招标承包制。四是重视特区政治企业文化建设。创造了一种适合特区特点的政治形势和民主风气，加强群众对干部的监督并调动群众关心特区建设的积极性。对干部的任用，采取民意测验，投信任票，对工业区管委会成员实行直接民主选举，举行定期的新闻发布会，设置“投诉箱”等。

蛇口人在改革开放的进程中，思想观念发生了深刻的变革。“时间就是金钱，效率就是生命”“爱祖国、讲信誉、守合同、做主人、高效率”已日益深入人心，成为蛇口人行动的准则，形象地反映了工业区建设者争分夺秒建设特区的紧迫感和拼搏精神。

经过蛇口的创业者们夜以继日的奋斗，在很短时间内，这个昔日的荒滩发生了翻天覆地的变化，一跃成为外商港商踊跃投资的社会主义特区雏形。它的资金回收率超过香港，人均占有外资额超过亚洲任何一个加工出口区，被誉为我国改革开放的“探路船”，经济特区的“发轫地”。

## 四、打开国门，杀出一条血路

◎广东、福建欲先行

◎邓小平说：中央没有钱，你们自己去搞

◎谷牧为特区鼓与呼

十一届三中全会前后，邓小平根据国际形势的变化和国内建设的需要，在新中国历史上第一次作出了对外开放的战略抉择。党的对外开放的政策已经确定，如何才能加快对外经济技术交流的步伐？采取什么措施才能更有效地引进国外的先进技术、设备、经验和资金呢？寻找这一突破口，成为摆在全党面前的首要课题。

1978 年 4 月，受国务院副总理谷牧的委派，国家计委和外贸部组成了港澳经济贸易考察组，对香港、澳门进行实地调查研究。长期处于封闭状态、对外界所知甚少的考察团成员亲眼看到繁荣兴旺的港澳经济，无不为之震动。考察组看到了一个事实：香港是一个没有原材料也没有资源的弹丸之地，它是如何发展起来的呢？就是靠了外国的资金、先进设备和技术。考察组在产生强烈的紧迫感和危机感的同时，也有了这样的想法：我们为什么不学一学港澳？

5 月底，考察组回到北京后，很快向中央递交了一份《港澳经济考察报告》。《报告》的主题是要利用和引进港澳资金、技术、设备，迅速发展沿海经济。在具体方案中，提出了把靠近港澳的广东宝安、珠海划成出口基地，力争经过三至五年的努力，把两地建设成具有相当水平的对外生产基地、加工基地和吸引港澳客人的游览区。《报告》引起了中央有关领导的重视。同年 6 月 3 日，中央主要领导人专门听取了考察团的汇报，表示基本同意《报告》的精神和建议，并指示从中央到广东省的有关部门做好进一步调查和有关准备工作。

1979 年年初，广东省委在传达学习十一届三中全会精神及中央有关指示时，就开始筹划利用邻近香港、澳门的有利条件来加快经济发展的设想。1月份，他们向中央提交了一份香港厂商要求在广州开设工厂的材料。邓小平作了批示：这种事，我看广东可以放手干。这充分显示了中央关于广东可以先走一步的意向，给了广东很大的鼓舞。同年2月，中共广东省委书记吴南生在考察、分析了汕头地区经济发展的有利条件后，曾向省委建议在汕头办一个出口加工区。在省委常委会上，大家认为广东不单是应在汕头办出口加工区，还应该在深圳、珠海办。广东省有两大优势：一是毗邻港澳；二是华侨众多。只要中央在对外经济活动中给予广东充分的自主权，采取灵活措施，实行特殊政策，就完全可以发挥这两大优势，加快经济发展的步伐。省委根据讨论的结果，给党中央写了报告。

1979年4月，在中央工作会议期间，广东省委第一书记习仲勋、书记王全国汇报了这个设想，得到了邓小平等中央领导的支持。邓小平说："还是办特区好，过去陕甘宁就是特区。中央没有钱，你们自己去搞，杀出一条'血路'来。"

在20世纪70年代末，一个伟大的构想就这样被提到中国决策者们的议事日程上来。"杀出一条血路"，这一惊世骇俗的话语，反映了中国面临的国际国内形势何等严峻，也体现了邓小平谨慎务实的治国方略。

中央工作会议后，中央和国务院一方面责成广东、福建两省进一步组织论证，提出设立出口特区的具体实施方案报中央审定；同时，委托分管此事的国务院副总理谷牧，于5月份带领国务院有关部门的十多位负责干部，前往广东、福建两省进行实地考察，同当地的干部和经济专家深入研究两省对外开放、设立出口特区的问题。谷牧带领考察组在广东、福建两省进行认真的调查研究，经过同两省领导人及有关人员的共同协商，最后确认在深圳、珠海、汕头、厦门四个地区设立特区。

1979 年 7 月 15 日，中共中央、国务院批转《广东省委、福建省委关于对外经济活动实行特殊政策和灵活措施》的两个报告。文件指出：粤闽靠近港澳，海外华侨众多，资源丰富，具有加快经济发展的许多有利条件。因此，中央决定，在粤闽两省实行特殊政策和灵活措施，给地方以更多的自主权，使之发挥优越条件，抓紧当前有利的国际形势，先走一步，把经济尽快搞上去。中央确定在深圳、珠海、汕头、厦门设置“出口特区”，特区内允许华侨、港澳商人直接投资办厂，也允许某些外国厂商投资设厂，或者由地方同他们兴办合资企业，并由当地利用外资进行市政建设。这份文件还明确了特区的管理原则和基本建设等事宜。

中央文件下发后，粤、闽两省立即在深圳、珠海、厦门等地开始了紧张的筹备工作。深圳等特区最初称为“出口特区”，主要是借鉴外国“出口加工区”和“自由贸易区”的模式，以进口原料加工制造商品出口作为发展方向。1980 年 3 月下旬，谷牧副总理再次受中央委托，在广州召开广东、福建两省会议，检查中央文件的贯彻情况，并进一步研究特区建设问题。[①]

① 谷牧：《邓小平领导我们抓开放》，见《改革开放口述史》，中国人民大学出版社 2014 年版，第 44～54 页。

会议认真研究了特区半年多来筹备工作的实践，认为特区在其发展中不但要办出口加工业，也要办商业、旅游业等；不但要拓展对外贸易，还将在全国经济生活中发挥多方面的作用。会议最后采纳了广东提出的建议，并报经中央同意，将“出口特区”这个名称，正式改为内涵更为丰富的“经济特区”。会议形成的《纪要》指出：“特区主要是实行市场调节”“主要是吸收侨资、外资进行建设”。这两点表明，特区不仅是我国对外开放的突破口，同时也是用市场机制发展经济的试验基地。

为了进一步落实经济特区的各项建设工作，1980 年 9 月、10 月，时任国家进出口管理委员会副主任的江泽民，率领我国第一个经济特区考察团，前往斯里兰卡、马来西亚、新加坡、菲律宾、墨西哥、爱尔兰六国的九个出口加工区、自由贸易区进行考察。其间还借途经日内瓦的机会，邀请联合国组织的十多位专家进行了两天的讨论。考察团对所见、所闻、所得的国外经济特区的大量资料进行了认真细致的研究，吸取了有益的经验。

1980 年 8 月 26 日，第五届全国人民代表大会第十五次会议在京召开，江泽民对特区工作做了专门说明，会议审议批准建立深圳、珠海、汕头、厦门四个经济特区，并批准公布实施《广东省经济特区条例》。《条例》规定：“为发展对外经济合作和技术交流，促进社会主义现代化建设，在广东省深圳、珠海、汕头三市分别划出一定区域，设立经济特区。特区鼓励外国公民、企业，投资设厂或者与我方合资设厂，兴办企业和其他事业，并依法保护其资产、应得利润和其他合法权益。”这是特区建设的纲领性文件，正式向全世界宣告了中国经济特区的诞生。

1981 年 7 月，中共中央批准的广东、福建两省经济特区工作会议纪要中，规定了办好经济特区的十条政策措施。1982 年 3 月，中共中央批转的广东、福建两省会议纪要，指明了特区的发展方向。其后，中共中央、国务院就特区工作又陆续批转了一系列会议纪要和文件，从而保证了特区工作的顺利开展，加速了特区经济建设的步伐。

1984 年 4 月 18 日，谷牧在中顾委和中组部举办的报告会上指出：经济特区之“特”，主要是指它实行特殊的经济政策和不同于内地的经济管理体制。它在经济上的基本特征主要有以下方面：第一，特区建设资金以引进外资为主，所有制结构以中外合资、合作经营企业和外商独资经营企业为主，产业结构以工业为主，产品以出口外销为主。第二，特区的经济活动，在国家宏观指导下实行国际市场调节为主。特区的产品以外销为主，这就决定了它们与国际市场息息相关，其所需的设备及原材料要从国际市场上进口，产品要到国际市场上竞争，国际市场完全是市场经济，商品的价格要完全放开。第三，经济特区实行不同于内地的管理体制，有更大的自主权。除投资规模在一亿元以上项目要报国务院审批，轻工业投资 3000 万元以上、重工业投资 5000 万元以上项目要报国家计委审批外，其余项目不需国家综合平衡，特区可以自己审批。外汇实行包干上缴，超额留用。财政体制也实行大包干。可以自主经营进出口业务。企业享有充分的经营自主权。第四，对前来特区投资的外商，在税收、出入境等方面实行优惠政策和灵活措施。香港企业所得税率是18.5%，而特区只有15%，与内地相比低得多。对于投资额在500万美元以上，或技术先进、资金周转长的项目给予特别优惠的待遇。特区企业的产品出口，免征出口税。进口生产所需的设备、生产资料和自用的生活资料，除烟、酒等少数物品外，均免征进口税。让出部分国内市场行销特区企业生产的内地短缺商品。对土地使用费区别行业给予优惠待遇。大大简化出入境手续，依法开展各种为客商和外来人员提供方便的业务。

自从1979年7月中共中央正式批准建立经济特区以后，特区的发展可谓一日千里，特别是深圳特区的变化更为显著。

深圳经济特区是从一个极其落后的边陲小镇起步的。兴办特区之前，深圳的工业基础极为薄弱，仅有二十多家生产小家具、小五金和粗加工农副产品的小工厂，基本上是封闭型的乡镇工业，属于支农工业和农副产品加工业，而且经营水平低，需要财政补贴。当时深圳所在的宝安县是广东省最落后的县份之一。工业、商业均很落后，全年的社会商品零售额仅一亿人民币多一点。道路、通信、电力等基础设施都很落后，楼宇基本上是二三层的旧房，全镇只有一座五层的旅馆大楼，旅游业得不到发展。到1984年，深圳的国民生产总值达19.5亿元，比1983年增长51%，比办特区前的1979年增长10倍；其中工业总产值达18亿元，比1983年增长1.5倍，比1979年增长29倍；1984年的工业总产值超过了前四年的总和。特区社会商品零售额达20亿元，比1983年增长43%；财政收入达5亿多元，比 1983 年增长 67%；地方外汇收入比 1983 年增长 42%。[①] 出口和转口贸易也有较大增长。

特区经济的高速发展，使人民生活水平得到了很大提高，消费结构不断发生变化。1984 年深圳人均国民生产总值达 3100 多元，比 1983 年增长 48%；人均国民收入超过了 1000 美元，深圳特区人民的生活已步入"小康"水平。深圳特区的飞速发展，引起了全世界的瞩目，连一向自负的美国人也称誉深圳为"一夜崛起之城"[②]。珠海、汕头、厦门特区的建设也成效显著。

经济特区几年来取得的巨大成就，向全世界展现了中国人民改革开放的雄心壮志，为我国进一步扩大对外开放提供了有益的经验，而且也用铁的事实证明：办特区是大胆的试验，更是成功的试验。特区以自己的飞速发展，打破了原有计划经济的死寂平衡，以崭新的运行机制，在原有计划经济体制中冲开了一个缺口。特区为市场经济杀出了"一条血路"，为整个中国杀出了"一条血路"！

## 五、春潮初起：邓小平第一次视察南方

◎邓小平决定亲自去看一看

◎"我们建立经济特区的政策是正确的"

① 《中国经济年鉴》(1985)，Ⅶ，经济管理出版社 1985 年版，第 43 页。

② 赵士刚主编：《共和国经济风云》(下)，经济管理出版社 1996 年版，第 405 页。

深圳等四个经济特区建立之后，在党内外也存在着一些持不同意见的人，他们或是不了解特区的情况，或是以传统观念、旧的模式、僵化的思想和方法来评论特区，无论特区出台什么样的改革和建设的新举措，他们几乎都要议论一番、指责一番，这些议论和指责，给特区建设者们思想上、精神上以极大的压力。

那么，对特区的建立和发展，是肯定还是否定？特区实行的一系列改革开放政策是对了还是错了？对特区的种种指责、怀疑对不对？这都需要一个准确的回答、正确的评判。

这时候，80岁高龄的邓小平开始了他的第一次视察南方之行。

1984年1月24日早晨，邓小平、杨尚昆、王震等中央领导的列车到达广州站。当广东省委领导上车看望邓小平时，邓小平深情地说："办特区是我倡议的、中央定的，是不是能够成功，我要来看一看。"中午，列车到达深圳。在前往迎宾馆的路上，邓小平几次掀开窗帘，望一望车外繁忙的工地和正在兴建的高楼……

下午3点，迎宾馆6号会议室，邓小平听取深圳市委领导的工作汇报。

相关领导介绍说：深圳原是一个边境小镇，街道简陋狭窄，市政设施落后。经过几年的努力，现在的深圳初步形成了四通八达的交通网，建起了大批工业厂房、商品楼宇和拥有现代化设施的酒楼、宾馆，还有设备完善、风景秀丽的旅游度假村，18层以上的高层楼宇已建成19幢，正在兴建的有44幢。一个现代化的城市已经初具规模。同时，深圳特区引进了外资和一批先进技术，促进了社会生产力的发展。办特区几年来，工农业产值、财政收入增长幅度很快。特别是工业产值，1982年达到3.6亿元，1983年跃上7.2亿元，一年翻了一番，比建特区前的1978年增长了10倍多，财政收入也增长10倍。经济的不断发展，带来人民生活的显著改善。现在，特区人民安居乐业，边境秩序安定，社会风气良好，人们不仅不再外流，而且还有300多名外流人员从香港回来定居。

邓小平聚精会神地听着汇报，不时插话询问。

下午4时，邓小平等乘坐大型客车来到正在兴建的罗湖商业区。他登上刚刚竣工开业的22层国商大厦天台。近处的深圳全景，蜿蜒的深圳河，远处隐藏在雾气中的香港，一下都进入他眼底。

25日上午，邓小平一行来到上步工业区中航电脑公司，参观车间设备，听取公司领导人关于电脑技术和软件开发的情况介绍，观看人和电子计算机下象棋的表演。接着，邓小平一行来到深圳河畔当时富甲全省农村的渔民村，参观了村民住宅区和村党支部书记的家。这里32幢同是180平方米建筑面积、二层楼高、六室二厅的村民小楼，是渔民村人在党的改革开放政策的指引下，依靠集体力量于1981年统一兴建的。村党支部书记汇报了村民的收入情况：去年全村纯收入达47万元，人均年收入5970元，平均每月439元。邓小平高兴地对随行人员说："比我的工资还高呢！全国农村要过上这样的生活，恐怕还要一百年！"

26日，邓小平视察招商局蛇口工业区，听取了工业区董事长袁庚关于蛇口工业区建设情况的汇报。袁庚说：1979 年蛇口一片荒滩，路面坑坑洼洼，连厕所和洗脸水都没有。如今道路四通八达，厂房林立，一个现代化的工厂区已初具规模。建设这样一个工业区，没有花国家一分钱，可见中央关于改革开放政策的强大威力。听完汇报，邓小平询问港口码头的设计、规划和建设等情况。随后，邓小平等参观了中外合资企业——华益铝材厂，向企业负责人了解资金和技术引进、产品销路、职工收入和人才培训等情况。下午，邓小平一行离开深圳前往珠海经济特区视察，并给珠海题词："珠海特区好。"

紧接着，邓小平到了广州，并给深圳特区题词："深圳的发展和经验证明，我们建立经济特区的政策是正确的。"落款："邓小平，1984 年 1 月 26 日。"

邓小平特地将题词的日期写在他离开深圳那天，这充分表明，题词的内容是他在深圳经过两天全面而深入的调查研究后得出的结论。

题词的第二天，恰是甲子年的大年初一。邓小平为深圳特区的题词，一大早就通过深圳电视、广播及《深圳特区报》和大家见面了。香港的电视台立即转播，且每隔五分钟播放一次。

1984 年 2 月 7 日，邓小平由广东乘火车来到厦门。8 日，邓小平等人在省委书记项南等的陪同下，乘坐"鹭江"号游艇一边游览厦门鹭江两岸的海上风光，一边听取省市领导汇报工作。项南在汇报中说，厦门特区现在实际上只有 2.5 平方公里，实在太小了，太束缚手脚了，最好能把特区范围扩大到全岛。邓小平一边听汇报一边察看地图，然后说：“我看可以。”项南接着说：“现在台湾同胞到大陆都不是直来直去，要从香港或日本绕道而来，这太麻烦，如果把离台湾、金门最近的厦门变成自由港，实行进出自由，这对海峡两岸中国人的交往会起到很大的促进作用。”王震插话说：“应该考虑这个问题。”邓小平接着说：“可以考虑。”他又询问自由港的政策包括哪些内容，项南归纳了三点：人员自由往来、货物自由进出、货币自由兑换。9日，邓小平视察正在建设中的湖里工业区。在听取湖里工业区建设情况的汇报后，邓小平挥毫题词：“把经济特区办得更快些更好些。”

1984年，在中国经济特区发展史上是具有深远意义的一年。邓小平第一次视察南方及其对三个经济特区的题词，充分肯定了特区决策的正确性，肯定了特区建设取得的成就，充分肯定了特区在改革开放中实行的一系列新的政策和新的措施；对坚定特区广大干部、群众进一步搞好改革开放的信心和决心，调动他们加速特区建设的积极性和创造性，对于稳定和鼓励外国投资者在特区的投资，都具有非常重大的现实意义和历史意义。

1984年2月24日，邓小平在京同几位中央负责人的谈话中还提到：“我们建立经济特区，实行开放政策，有个指导思想要明确，就是不是收，而是放。”① “除现在的特区外，可以考虑再开放几个港口城市，如大连、青岛。这些地方不叫特

① 《邓小平文选》第三卷，人民出版社1993年版，第51页。

区，但可以实行特区的某些政策。我们还要开发海南岛，如果能把海南岛的经济迅速发展起来，那就是很大的胜利。”① 这就为以后沿海 14 个港口城市的开放和海南大特区的开发埋下了伏笔。

邓小平为三个特区的题词发表以后，在国内外引起强烈反响，之前党内外对经济特区的种种指责和怀疑很快收敛了，随之而来的是沿海、内地，乃至全国各地改革开放大潮的兴起。

## 六、明珠成串：开放 14 个沿海城市

◎开放是大势所趋，人心所向

◎春风又绿江南岸

◎谁持彩练当空舞

1980 年开始先后兴办的深圳、珠海、汕头、厦门四个经济特区，经过几年的建设，取得了很大成就，在促进对外开放和经济发展中发挥了重要作用，在国内外产生了重大影响。但从整体上来说，经济特区的工农业产值占我国工农业生产总值的比重毕竟还很小，远远不足以带动全国经济的迅速发展。于是，如何充分发挥和利用沿海港口城市的优势与特色，就提上了最高决策者的议事日程。

在邓小平第一次视察南方并发表坚决支持建设经济特区的

① 《邓小平文选》第三卷，人民出版社 1993 年版，第 52 页。

谈话后，党中央、国务院积极行动，酝酿更大的开放举措。1984 年 3 月 26 日至 4 月 6 日，中共中央书记处与国务院在中南海召开沿海部分城市负责人座谈会，参加座谈会的有上海、天津、大连、烟台、青岛、宁波、温州、北海等城市的负责人，以及四个经济特区和海南行政区的负责人，还有这些城市所在省、自治区及中央有关部门的负责人。座谈会着重研究了部分港口城市如何进一步开放的问题。座谈会以《纪要》的形式提出了许多重要的论点和具体政策。

1984 年 5 月 4 日，中共中央、国务院批转了《纪要》，并确定开放大连、秦皇岛、天津、烟台（含威海）、青岛、连云港、南通、上海、宁波、温州、福州、广州、湛江、北海（含防城港）14 个沿海港口城市。中央之所以作出开放沿海港口城市的战略决策，是因为，这一举措对于促进沿海港口城市的发展，进而通过腹地的传导作用和这些港口城市自身的辐射作用，可以对全国的经济发展起到重大的推动作用。

首先，开放沿海港口城市可以更有效地吸引外资和引进国外的先进技术，带动我国科技水平的提高和国民经济的发展。利用外资和引进先进技术，是加速一国经济发展的重要手段之一。由于历史的原因，我国沿海与内地的经济发展不平衡，相对于内陆城市而言，我国沿海城市经济更为发达，物质基础更为雄厚，科学技术力量更强，管理经验更为丰富，内外联系更为广泛，地理位置更为优越。所以，我国利用外资和引进国外先进技术在地区布局上应采取先在沿海城市“登陆”，经过消化吸收后向内地扩散，带动内地经济与科技发展的策略。一般来说，沿海开放城市的投资环境较为完善，对外商有较强的吸引力。沿海开放城市根据我国经济技术的发展规划，在自我开发的基础上，合理引导外资的投向，多层次地引进国内急需的技术，并结合我国的具体情况加以改革创新，使之本国化。沿海开放城市很多都是我国的工业与科研基地，有较强的研究、设计、开发能力，因而能够大大加速这一本国化的进程。之后，沿海开放城市又把成熟的、行之有效的先进技术等扩散到内地，通过这样阶梯式的引进和转移，来推动我国经济和技术的不断发展。



其次，开放沿海港口城市，可以有效地促进外引内联，推动外贸出口的发展。沿海开放城市基础设施完善，加工能力强，具有投资少、效益高的特点。据1984年的统计表明，仅占全国人口的2.28%、占全国土地面积的0.13%的14个沿海开放城市，固定资产占全国的12%，工业总产值占全国的17.17%，全民所有制独立核算工业利税占全国的21.40%，经济效益明显高于全国平均水平，全民劳动生产率比全国水平高66%，港口货物吞吐量占全国的95%以上。沿海开放城市雄厚的经济实力使其成为我国出口创汇的重要基地，成为带动腹地及向全国向世界市场进军的先锋。同时，沿海开放城市可以广泛地开展“内引外联”，联合内地来拓宽经营路子。沿海城市以“拳头”产品为龙头，与内地联合组织配套生产，或把技术转移到内地，利用内地丰富的原材料和劳动力资源就地加工出口，把更多的产品打入国际市场，增强内地出口创汇的能力。

再次，开放沿海港口城市，可以充分发挥它们的枢纽与桥梁作用，带动整个国民经济的发展。沿海开放城市得天独厚的地理位置、便利的港口运输，使之成为联结世界市场的中心环节。据统计，全世界国际贸易量的2/3以上是经海港转运的。港口的这种特殊的地位，决定了它是我国对外贸易的门户，是我国同世界进行经济联系的重要通道。我国沿海开放城市交通发达，初步形成了海运、河运、铁路、航空和管道运输的立体交通网络，特别是海运业发达，可直接与世界各国和地区的港口通航。在我国的进出口物资中，有90%以上是通过沿海城市的港口转运的。由此可见，沿海开放城市是我国外贸进出口物资的集散地，通过这里的海上运输，可以把国内外市场联系起来。

最后，开放沿海港口城市，可以发挥其科技发达和信息灵通的优势，带动我国外向型经济的发展。沿海城市科技教育事业发达，技术力量雄厚。开放这些城市，可以充分发挥其科技发达的优势，在较高层次上参与国际分工，发展外向型经济，并在技术上支援内地发展外向型经济，保证内地积极参与国际分工，形成我国全方位立体开放的态势。同时，沿海开放城市有着悠久的对外贸易的历史，有众多的海外侨胞分布在世界各地，与国外联系广泛，信息较为灵通，因此，这些城市成为内地了解世界的窗口，有利于内地掌握国际经济和科学技术发展的动向，洞察复杂多变的国际市场形势，及时调整开放战略，增强应变能力。

所谓“进一步开放”沿海14个港口城市，其基本内容主要包含两个方面：

（一）扩大这些城市开展经济活动的权限，即扩大它们的自主权，给它们划个大框框，在这个范围里的事它们可以自己确定，不用报到省和国务院或国务院有关部门来审批。主要包括这样几项内容：

第一，放宽利用外资项目的审批权限。从生产性项目说，凡属利用外资进行老企业技术改造和建设新厂，凡属建设和生产条件不需要国家综合平衡、产品不要国家包销、出口不涉及配额、能自己偿还本息的项目，国家授予这 14 个城市的市人民政府以必要的审批自主权，比过去大大放宽了。从非生产性项目来说，凡属主要利用外资、自筹资金和进口器材建设，不需要国家综合平衡的项目，不论其投资额多少，均由各市自选审批。凡按照上述规定权限，由这些城市自行审批和利用外资项目，与其有关的设备进口、组团出国考察、对外洽谈成交等，均自行审批办理，并按规定上报备案。第二，增加外汇使用额度和外汇贷款，以保证这些城市引进先进技术，进口关键设备、仪表仪器之所需。第三，采取灵活措施和扶植政策支持沿海开放城市利用外资，引进先进技术改造老企业。如采取免征关税和进口工商统一税，还账后上缴利税，调整企业生产计划和利税上缴任务等措施吸引外商投资改造老企业。第四，兴办经济技术开发区。第五，设立高科技工业区和保税区。

（二）对于到沿海开放城市投资办厂的外商实行优惠政策，主要包括以下几项内容：

第一，在开放城市老市区开办的生产性企业，凡属技术、知识密集型项目，或外商投资额在 3000 万美元以上、收回投资时间长的项目，或属于能源、交通、港口建设的项目，经财政部批准，按15%的税率征收企业所得税。此外，在属于国家规定的有关行业中从事生产经营的“三资”企业，经财政部批准，可按企业所得税税率打八折计算所征税额。第二，外商在中国境内没有设立机构而来源于开放城市老市区的股息、利息、租金、特许权使用费和其他所得，除依法免征所得税以外，都减按10%的税率征收所得税。第三，开放城市老市区的“三资”企业进口自用的生产建设设备、原材料，以及企业自用的交通工具、办公用品等，免征关税和进口工商统一税。企业生产的出口产品，除国家限制出口的产品以外，免征出口关税和生产环节的工商统一税。第四，在开放城市老市区工作或居住的外商，携带进口自用的安家物品和交通工具，在合理数量内免征工商统一税。第五，开放城市开发区内的“三资”企业，除享受老市区的一切优惠待遇外，其企业所得税一律减按15%的税率征收。其中对经营10年以上者，经批准可以从开始获利的年度开始，前两年免征所得税，第3—5年减半征收所得税。“三资”企业外商合法所得利润汇出境外时，免征所得税。

沿海14个港口城市的开放，使这些城市在利用外资、引进技术上迈出了较大的步伐。仅在1984年，全年的工业总产值就比上年增长11.5%，其中签订的利用外资合同项目及协议金额，相当于1983年以前五年的总和。而且，沿海城市在实行对外开放的同时，实行了“外引内联”的方针，努力加强与内地的横向经济联系，促进资金、设备、技术和人才的合理交流，带动内地的开发建设。大连市与东北三省和内蒙古东部地区商定合作兴建180多个工业项目；上海市1984年达成省际经济协作项目779个，比1983年增长53%。当时的国际舆论认为，“开放整个海岸，意味着实际开放半个中国”；这个决策是新中国成立35年来“采取的最大胆的行动”，“是中国自明朝以后的第一次开放”。[①]

随着沿海开放城市的出现，在这些城市也陆续兴办起经济技术开发区（以下简称开发区）。开发区是指经国务院批准，由沿海开放城市兴办、管辖，依靠其特殊的资源条件和优惠政策，集中地吸引外资，引进先进技术，进行各种开发性的经济技术活动，以达到一定的经济目的的独立的经济区域。它的基本特点是：资金来源以外资为主，经济成分以“三资”为主，产业结构以工业为主，产品以外销为主，经济机制以市场调节为主。

经国务院批准，1984年开始兴办经济技术开发区，在14个沿海开放城市中，北海全部市区都是经济技术开发区；上海建了三个，即闵行、虹桥新区和漕河泾。其他12个城市——大连、秦皇岛、天津、烟台、青岛、连云港、南通、宁波、温州、福州、广州、湛江各一个开发区，开发工作进展很快。

兴办经济技术开发区是沿海开放城市经济社会发展战略的一个重要内容，开发区的兴办，推动了沿海开放城市老企业的技术改造，促进了沿海开放城市的产业结构优化和产品的升级换代，推动了新技术的开发利用，加快了我国的技术进步，促进了沿海开放城市外向型经济的发展，为沿海开放城市及全国

① 转引自王洪模等：《改革开放的历程》，河南人民出版社1989年版，第489页。

的改革开放培养了人才、积累了经验。因此，经济技术开发区在我国对外开放的经济格局中，同样具有不可忽视的战略地位。沿海 14 个港口城市的开放和经济技术开发区的建立，是我国对外开放整体布局的第二个层次，是我国对外开放政策中具有战略意义的又一重大决策。



## 七、连线成片：建立沿海经济开放区

◎桥头堡要起跳板作用

◎外引内连，沿海连片

◎经济开放区新模式

早在 1984 年年底，在我国刚刚确立沿海开放城市后，中央已开始考虑建立与特区、沿海开放城市相结合的沿海经济开放区。国务院有关部门的负责人去长江三角洲、珠江三角洲地区进行实地考察，同当地负责人、基层干部、技术人员进行了多次座谈，于 12 月 20 日写了《关于沿海地区经济发展的几个问题》的考察报告，就如何迎接开放沿海 14 个港口城市以后的新形势，促进沿海地区的经济更快发展的问题，提出了许多重要意见。报告将经济特区、沿海开放城市、沿海经济开放区的作用、地位形象地比喻为“桥头堡”，并强调：“对外开放的桥头堡，要起跳板作用。”上海、广州等大城市应当是“两个扇面、一个枢纽”。为了加强这种功能，报告提出必须坚持“外引内连”的方针，并建议“应该开放珠江三角洲和长江三角洲，进而陆续开放辽东半岛、胶东半岛，北起大连港，南至北海市，构成一个对外开放的经济地带”。邓小平对这一报告给予了肯定，他说，沿海连成一片了，这很好嘛！其后，国务院有关领导人又提出开放泉州、漳州、闽南三角洲的建议，并布置有关负责人进行对策研究。

根据邓小平等领导人的意见，1985 年 1 月 25 日至 31 日召开了长江、珠江、闽南厦漳泉三角地座谈会。会议一致认为，先将长江三角洲、珠江三角洲和闽南厦漳泉三角地区，继而将辽东半岛、胶东半岛开辟为沿海经济开放区，是我国在进一步实行改革与开放的新形势下，加速沿海经济发展，带动内地经济开发的重要战略部署，有着重大的意义。中共中央、国务院于 2 月 18 日发出了批转会议纪要的通知，并指出：这三个经济开放区应逐步形成贸—工—农型的生产结构，即按出口贸易的需要发展加工工业，按加工的需要发展农业和其他原材料的生产。需围绕这一中心，合理调整农业结构，认真搞好技术引进和技术改造，使产品不断升级换代，大力发展出口，增加外汇收入，成为对外贸易的重要基础。同时，还要加强同内地的经济联系，共同开发资源，联合生产优质产品，交流人才和技术，带动内地经济的发展，成为扩展对外经济联系的窗口。中共中央、国务院这一决策是继创办四个经济特区、开放沿海 14 个港口城市之后的又一重要战略步骤，这一决定一出台，就在国内外引起了强烈反响。建立三个沿海经济开放区，对于扩大对外开放、搞活我国经济意义重大。

长江三角洲经济开放区地处长江下游平原，包括江苏省的无锡、苏州、常州及所属全部市（县）以及南京市、镇江市、扬州市、盐城市、南通市、连云港市及所属部分市（县），浙江省的杭州市、绍兴市、嘉兴市、湖州市、宁波市、温州市、椒江市、临海市及所辖的若干县市和上海市所属各县。这一地区对外开放的有利条件有以下几个：经济实力较强；农业发达；工业基础雄厚；大专院校和科研机构比较集中；城市化程度高，城乡关系密切；劳动力资源丰富，劳动力素质较高；旅游资源丰富，第三产业前景广阔；具有对外开放的区位优势、历史传统和众多的海外关系等。但这一地区也存在着缺少港口城市、人多地少、水网密布、资源贫乏、经济结构雷同等制约因素，因此，该区不适合走发展贸易和农业为主的道路。根据长江三角洲的具体条件和“服从全局，扬长避短”的原则，该区采取了发展外向型工业，走“出口创汇——引进提高——扩大出口创汇”的道路。迅速推进工业化成为该区的明显趋势。

珠江三角洲经济开放区，地处东江、西江、北江汇合的冲积平原。包括广东省的佛山市、江门市及所属部分县，和广州市、深圳市、珠海市、惠阳等地区所属的部分市县。该区是历史悠久的华侨之乡，仅华侨就有 250 多万人，此外，它还具有独特的自然地理条件，属南亚热带海洋性气候，土壤肥沃，水陆交通发达，农副产品丰富，有靠近港澳与国际市场的天然地理优势，缺点是资源不足以及人口压力较大。因此，该区充分利用本地区的优势，多形式、多渠道、多层次利用外资大办“三资”企业和“三来一补”企业，走外向型经济发展的道路，成为广东省综合改革试验的探路尖兵和前沿基地，其经济发展一直保持强劲的势头。

闽南厦漳泉经济开放区，位于福建省东南沿海、晋江下游，包括福建省厦门市的同安县，漳州市和龙溪地区部分县，泉州市、莆田市、福州市等部分市、县。该区也是著名的华侨之乡，在海外的华侨和外籍华人400多万。并且气候温暖湿润，交通运输网络便捷，旅游业、金融业闻名中外。该区采取了以出口为导向、以拳头产品为中心、在经济一体化的基础上实行专业化分工协作生产的发展道路，以发挥该区外向型加工工业的明显优势。

对以上三个经济开放区，中央给了它们在开展对外经济活动方面的一些自主权和优惠政策，如适当扩大利用外资对老企业技术改造和新建项目的审批权；“三资”企业属于生产性、科研性的项目，以及能源、交通、港口、技术知识密集型项目，投资在3000万美元以上的项目，税收上予以优惠；扩大外资经营的自主权；根据需要，在开放区内，可发行专项债券或股票；中国银行对有发展前途和创汇能力的项目，优先提供优惠贷款等。

在给予这些地区优惠政策的同时，国家对于这些地区的发展也提出了要求。据谷牧1985年4月29日关于沿海经济开放区的谈话，这些要求主要有：第一，要大力发展出口，增加创汇。为此，就要按照“贸、工、农”的顺序安排生产，即针对国际市场的需求，以出口的最终产品为“龙头”向前推进，需要出口什么，就安排什么，种养什么或生产什么原料及半成品。要抓好技术引进和技术改造，致力于轻纺产品、食品、机电产品的更新换代和新产品的开发。要抓好农业生产结构的进一步合理调整，以及农副产品特别是鲜活商品的品种改良、保鲜储藏、仓装运输。要大力提高产品的质量，在档次上下功夫，发展高、新、尖、稀、优、偏的产品，开拓国际市场。第二，要努力引进先进的科学技术，并加以吸收、消化和创新，以此推动全国的科技进步。第三，要借鉴国外适合社会化大生产的经营管理方式，进行扬弃和筛选，使之与我国的国情相结合，为我所用，为全国的经济体制改革探索经验。第四，为国内市场提供更多的好产品，为国家建设提供更多的资金积累。

沿海经济开放区自 1985 年开放以来，取得了长足进步。三个经济开放区建立起了较大的农副产品出口生产基地 300 多个，工业品出口也有了较大的增长。

1988 年年初，党中央和国务院决定进一步扩大对外开放的范围，辽东半岛和胶东半岛被列为经济开放区，使这两个半岛的对外开放进入大发展的时期。

辽东半岛经济开放区位于渤海与黄海之间，其中包括：大连市及所辖的瓦房店市、普兰店市、庄河市；丹东市所辖的东沟县、凤城县；营口市及所辖的营口县、盖县；盘锦市及所辖的盘山县、大洼县；锦州市及所辖的锦县；锦西市及所辖的兴城市、绥中县；鞍山市及所辖的海城市；辽阳市及所辖的辽阳县、灯塔县；沈阳市。①

辽东半岛是东北地区经济文化最发达的地带，是我国北方

① 吴振坤：《中国对外开放通论》，北京工业大学出版社 1993 年版，第 427 页。

的一颗明珠，东临朝鲜，东南与日本隔海相望，具有得天独厚的地理位置，同时，辽东半岛交通四通八达、矿产资源丰富、工业基础雄厚、水产业发达、科技力量较强，这为该区探索引进先进技术和外资，改造老企业，大力发展出口产品，从而带动整个东北经济区的发展和繁荣提供了条件。

胶东半岛经济开放区位于渤海与黄海之间，包括山东省的威海市、潍坊市、淄博市、青岛市、烟台市所辖的部分县（市）以及莱州市和日照市。

胶东半岛是中国最大的半岛，它位于亚太经济圈的西环形带，隔海与辽东半岛、朝鲜半岛和日本列岛相望，距韩国的最近距离仅92海里，它有众多的港口，与世界各地通航十分便利。同时，胶东半岛资源丰富、海外联系广泛、经济实力雄厚，这为该区走上以“内外兼顾，以外为主，以外促内，以内保外”的外向型经济为主的发展道路奠定了基础。

这样，中国的对外开放，从兴办四个经济特区起步，逐步形成了由经济特区到沿海开放城市，到沿海经济开放区，到内地这样一个多层次、有重点、点面结合、相互联系、相互推动的对外开放格局。在沿海形成了包括两个直辖市、67个县约1.5亿人口的对外开放地带。由东到西、由外向内滚动式地逐步推进，有效地把沿海经济的发展同内地经济的开发密切结合起来，进一步促进了全国的经济振兴和人民的共同富裕。

## 八、石破天惊：海南大特区的兴起

◎南海上镶嵌着的明珠

◎开发海南计划细琢磨

◎“20 年后赶上台湾”

◎特区大省：小政府，大社会

◎大胆借鉴台港澳经验



海南岛位于我国南部，南中国海的西北部。古称琼崖，自宋代起，因地处天南，孤悬海中，故称海南。海南是南中国海上一颗璀璨的明珠，它北隔琼州海峡与雷州半岛相望，西邻北部湾与越南为邻，东南和南面为辽阔的海洋，星罗棋布地分布着许多岛屿、沙洲、暗沙、暗礁和暗滩。其中南海诸岛位处亚太地域中心，是太平洋与印度洋的交通要地，具有重要的战略地位。

海南岛是我国面积仅次于台湾省的第二大岛，但其人均土地占有面积约等于台湾的 3 倍，也高于内地，有大量的土地资源可供开发。海南岛有海外华侨 200 万人，以侨居泰国最多，其他散布在马来西亚、新加坡、越南等 70 多个国家和地区，省内归侨、侨眷有 100 多万人。海南岛具有得天独厚的自然资源条件。它位于热带季风气候区域，四季如春，气候温和，降水充沛，热带作物品种繁多，盛产橡胶、剑麻、椰子、咖啡、可可等，是我国最大的热带作物生产基地；海南岛有 1500 多公里的海岸，海南沿岸及南海诸岛周围海域的热带海洋资源丰富，数量居全国之首，是我国开发热带海洋资源的理想之地；海南的矿产资源也较为丰富，有黑色金属、有色金属、稀有金属等；还有储量丰富的能源资源，如石油、天然气、油页岩、铀、煤等，其中仅莺歌海天然气储量就有1000亿立方米；海南的旅游资源也极为丰富，热带、亚热带的海岛情趣，黎族、苗族独具一格的风俗习惯，清澈见底的海水、洁白柔软的海滩，未受过污染的清新的空气，素有“不是夏威夷，胜似夏威夷”的美称，是避寒、冬泳、度假和观赏的胜地。

但历史上由于孤悬海外，交通不便，加上统治阶级歧视少数民族，使得海南的经济开发极为缓慢。

新中国成立后，勤劳的海南各族人民为改变贫困落后的经济面貌进行了艰苦的努力，但总的来看，海南经济仍未打破封闭、落后的格局，经济发展的速度极为缓慢，其经济发展水平落后于全国多数省、市、自治区。这除了基础差、起点低等客观原因外，更主要的是由于主观因素造成的：一是管理体制不合理，海南岛是广东省所辖的一个行政区，在体制上除受命于广东省领导之外，全岛17个市、县又被分成五大块，即汉族人居住区、少数民族自治州、海口市、农垦系统与中央、省属企业。这五大块分属不同的条块管理，各自为政，不利于统一开发。二是长期以来，由于对世界爆发大的战争的可能性估计过高，时刻准备打仗，因而单纯地将海南作为国际前哨来建设，错过了多次投资与开发的机会。由于不是国家投资的重点，所以海南的基础设施和基础工业得不到发展，造成海南的产业结构原始，经济基础薄弱，基础设施严重短缺，能源、电力极为匮乏，资金、人才缺乏的不利局面。从统计数字看，从1951年到1980年的30年时间，国家累计向海南投资40多亿元，仅相当于广州市1986年一年的投资。三是没有制定一个科学的经济发展战略，海南岛充当的只不过是生产和输出初级产品的角色而已，资源长期以来得不到开发，更谈不上转化为经济优势了。例如，海南岛是全国最大的橡胶生产基地，其天然橡胶的产量占全国产量的70%以上，但本地却没有像样的橡胶工业和橡胶制品工业。此外，受“左”的指导思想影响，体制模式僵化，政策失误，与海内外的经济技术交流与协作渠道不畅通，也是造成海南经济长期落后的重要原因。

1978年，十一届三中全会决定把全党工作重点转移到社会主义现代化建设上来，给海南岛的经济建设和开发事业提供了契机。1980年6月30日至7月11日，海南岛问题座谈会在北京召开。与会人士指出了海南解放30年来经济发展的成绩及存在的问题，明确了发展农业的方针。鉴于海南岛特有的自然条件和突出的经济优势，应以加速发展橡胶等热带作物为重点，大力营建热带林木，努力提高粮食产量，全面发展农林牧副渔的生产，逐渐建立适应海南特色的新的生态平衡和农业结构，使国营企业和农村社队共同富裕起来。7月22日，国务院以国发〔1980〕202号文件批转《海南岛问题座谈会纪要》，决定加速海南岛的建设，并决定自1981年起，由中央和广东省每年调进粮食2.25亿公斤，5年不变，以便海南腾出手来大力发展热带经济作物和热带珍贵林木，使海南成为我国生产热带经济作物和热带珍贵林木的基地，表明了党中央、国务院对于海南问题的关注和重视。1983年1月，国务院主要领导人到海南视察，指示海南要充分利用国内外的有利条件，实行对外开放、对内搞活经济的政策，开创加速海南岛开发建设的新局面。2月，胡耀邦视察海南并和海南人民共度春节时指出：要进一步解放思想，坚持有步骤地推进改革，要加快经济建设的步伐，争取更高的发展速度。3月，国务院召开会议讨论海南岛的开发建设问题。4月1日，中共中央、国务院批转《加快海南岛开发建设问题讨论纪要》，并发出通知指出：海南岛战略地位十分重要，开发建设好这个资源丰富的宝岛，对加强民族团结，实现国家四化，巩固南海国防都有重要的意义。中央决定加快海南的开发建设，在政策上放宽，给予较多的自主权，中央各有关部门从人力、财力、物力上积极给予必要的直接支持，广东省和海南的党政领导机关都要扎扎实实做好工作，加强并改善对经济建设的领导，发动群众，艰苦奋斗，努力开创海南建设的新局面。中央还决定扩大海南的自主权，对外活动参照深圳、珠海的做法，争取实行多种形式的优惠政策，吸收外资，引进先进技术设备，发展旅游业。

邓小平非常关注海南的开发建设。1984年2月，刚刚结束第一次南方视察回到北京的邓小平立即邀请中央有关负责人一起座谈特区等问题，他提出用20年时间把海南岛的经济发展到台湾的水平的设想。他乐观地预言："我们还要开发海南岛，如果能把海南岛的经济迅速发展起来，那就是很大的胜利。"5月31日，六届全国人大二次会议审议并通过了国务院关于撤销海南行政公署，成立海南行政区人民政府的建议，通过关于海南行政区建制的决定，并实行经济特区的某些经济政策。这样就进一步扩大了海南的自主权限。

1986 年胡耀邦同海南人民一起欢度元旦时指出：全国属温热带的地方只有 5 万平方公里，海南就占了约 3.4 万平方公里，要发挥这个优势。另外还要发挥冬季旅游的优势，下决心发展航空业和海上运输，搞好外引内联。8 月 21 日，国务院同意海南行政区从 1987 年起在国家计划中单列户头，赋予海南行政区相当于省一级经济管理权限。这是中央加快开发建设海南岛的又一重要决策。

1987 年 6 月，邓小平在会见南斯拉夫客人时第一次公开提出了建立海南经济特区的思想。他说，我们建立经济特区的决定不仅是正确的，而且是成功的。并充满信心地说："我们正在搞一个更大的特区，这就是海南岛经济特区。海南岛和台湾的面积差不多，那里有许多资源，有富铁矿，有石油天然气，还有橡胶和别的热带、亚热带植物。海南岛好好发展起来，是很了不起的。"①

与此同时，中央领导在北戴河开会，讨论海南建省开发建设的可能性，会议达成共识：第一，海南要实行比特区更特殊的政策，才能吸引外资，加快开发建设；第二，海南建省，势在必行。会后，国务院领导人南下广州，后到海南，就如何理顺海南的管理体制问题分别同广东省和海南行政区、海南黎族

① 《邓小平文选》第三卷，人民出版社 1993 年版，第 239 页。

苗族自治州的领导进行磋商，并传达了邓小平的重要指示。

邓小平关于开发建设海南的指示精神及其贯彻实施，极大地推进了海南建省办大特区的历史进程。1987 年 8 月 24 日，国务院向全国人大常委会提出议案，建议撤销海南行政区，将海南行政区所辖区域从广东省划出来，单独建立海南省，建议全国人大常委会在提请全国人民代表大会审议决定之前，授权国务院成立海南建省筹备组，开展筹备工作。9 月 5 日，六届全国人大常委会第二十二次会议通过决定：将国务院提请审议的关于设立海南省的议案，提请第七届全国人民代表大会第一次会议批准，并授权国务院成立海南省筹备组，开展筹备工作。之后，中央决定：任命许士杰为海南建省筹备组组长。

1988 年 4 月 13 日，海南历史上激动人心的历史性时刻终于到来了，第七届全国人民代表大会第一次会议审议了国务院关于建立海南经济特区的议案，决定：(1) 划定海南岛为海南经济特区。(2) 授权海南省人民代表大会及常务委员会，根据海南经济特区的具体情况和实际需要，遵循国家有关法律，全国人民代表大会及其常务委员会有关规定和国务院有关行政法规的原则制定法规，在海南经济特区实施，并报请全国人民代表大会常务委员会和国务院备案。同日还通过了国务院关于设立海南省的议案。

1988 年 4 月 26 日，海南省委、海南省人民政府挂牌仪式举行。中国第一个特区省——海南省诞生了！

海南是继深圳、珠海、汕头、厦门四个经济特区建立之后，宣布对外开放的最大一个经济特区，实行以开放促开放的方针，采取了更加开放的特殊政策，主要“特”在三个方面：

第一，经济运行是市场经济体制。海南在国家宏观计划指导下，建立有利于商品经济发展的市场新体制框架。全省的国民经济管理，将逐步形成国家调节市场、市场引导企业的经济运行机制。建立以间接管理为主的宏观调节体系，主要运用经济手段、法律手段和必要的行政手段调节市场供求关系，引导企业正确进行经营决策。培育生产资料市场、资金市场、技术市场、房地产市场、劳务市场和其他生产资料市场，积极稳步地推进价格改革，加强市场管理，建立开放型的市场体系和正常的市场秩序。搞活企业、保护竞争。除少数对国计民生有重要影响的企业和公用设施企业外，所有企业都实行自主经营、自负盈亏。

第二，建立多元化的经济所有制结构。海南省将加速改变当时的僵化单一的所有制结构，建立多种经济成分并存发展和互相竞争的多元化经济所有制结构，外商独资、中外合作企业占较大的比重。允许海南和国内其他地区的群众，以个人集资或合股经营的方式在海南兴办生产企业，从事社会服务业和商品零售业。允许兴办以私有资金为主、雇佣农业工人的农场。各种所有制互相渗透，彼此联合的混合经济占重要地位。多种投资来源及不同组合，促进了各种股份制企业、企业集团和跨国公司的发展。在多元化的经济结构中，各种经济成分处于平等的地位，政府保护其合法利益。

第三，海南对外交往自由，海南将建立与国际市场相对接的体制，再造社会主义“香港”。在“二线”海关管好的情况下，“一线”海关逐步放开，使境外人员出入自由，资金进出自由，货物进出基本自由。全国人大给海南省人大及其常务委员会以更大的立法权，国家也扩大海南省政府的自主权。海南岛内属于国家统一管理的外事、公安、边防、税务、海关、金融、邮电、民航等方面的工作，由国务院有关主管部门根据海南的特殊情况，制定专项管理办法，报国务院核准实施。此外的业务，海南省政府可按国家法律、法规和有关方针政策，结合当地实际情况灵活处置。

海南建省办大特区是在邓小平建设中国特色社会主义理论，尤其是在他办经济特区的思想指导下的一个重大实践，是邓小平深思熟虑、精心构想的一个大手笔，是其特区思想进一步发展的重要标志，意义十分重大。

谷牧在回忆我国对外开放的历史的时候说：“小平同志把马克思主义的基本原理、我国处于社会主义初级阶段的基本实际以及和平与发展成为当今世界主流的国际政治经济基本格局这三者结合起来，经过深思熟虑，推动党中央郑重确立和成功实施了对外开放这项基本国策，解决了社会主义必须实行对外开放和如何实行对外开放的一系列重大问题。这不但是对长期‘左’的倾向的一种纠正，也是对毛泽东、周恩来等老一代中央领导集体对外经济工作方针、政策和经验的飞跃性的新发展。”①

① 《改革开放口述史》，中国人民大学出版社2014年版，第54页。

# 第四章

# 营造政通人和的新局面

春潮涌动——1984 年的中国

1984年，在中国的历史上将不仅以经济改革的全面推进为标志，而且将以为经济改革配套和支撑的政治体制的改革和创新为显著特色。从更长远的眼光来看，正是1984年所启动的一系列政治改革措施，特别是围绕干部队伍建设所采取的各种政策安排，成为新时期开始以来最具有深远影响的举措。甚至可以说，我们今天所谈论的改革由第二代领导集体发起、由第三代领导集体推进，正是从1984年的政治发展中得以奠定其最初的基础的。

## 一、政治改革的关键一步：新干部的培养和扶持

◎“搞改革的都会得到党和政府的支持”

◎具有战略部署意义的干部培养要求

◎组织部门的重任：把改革者推上来

锐意革新是时代赋予新干部的历史使命，更是1984年改革大潮涌起后对各级政府官员提出的迫切要求。继1982年国务院机构大规模改革以后到1984年，各级地方政府的机构改革基本完成，但最引人注目的还不是机构设置的变化，而是在调整后的机构内充任各种要职的新干部以及由此所体现出的政

治改革的关键性步骤，是在实行了大批老干部离开工作岗位以后新干部能否担当重任的问题。应当说，这是为改革事业的开创和巩固奠定长久基础的大事。更有深远历史意义的问题还在于，正是从 1984 年开始，我们国家的干部队伍建设开始步入新的轨道，开始探索和创立直至今天仍具影响的考察干部、选拔干部和任免干部的规章制度和用人标准。中央以如此之大的精力和力度抓干部队伍的建设及其相关问题，是改革开始以来的第一次，这标志着政治改革进入了一个新的发展阶段，标志着与经济改革相配套的改革措施的启动。

干部队伍建设的问题首先涉及的就是新干部的选拔和任命以及相关的培养和扶持问题。据 1984 年年初统计，不久前随着机构改革而进入省、地、县各级领导班子的中青年干部已占干部总数的一半左右。这批新上来的干部，担负着继往开来的重任。对他们来说，要很好地继承老一辈的优良作风和他们开创的革命大业，必须在新班子建设和领导工作的各个方面锐意革新，在社会主义现代化建设中大胆创业。胡耀邦曾经指出："年轻的同志应该把自己胜过老一辈看作是历史赋予的重大责任。"这正是党中央在总结国内外改革经验的基础上，着重提出的一项历史性任务；也只有这样，机构改革的成果才会不断显示出现实的和深远的意义。

面对如此严峻的考验，面对如此重大的要求，这批新干部表现到底怎样呢？1984 年年初，中共中央的评估意见认为，新上来的年轻干部大致有三种情况：其一，思想解放，作风凌厉，工作大胆，勇于探索和创新。现在各条战线都涌现出了这样一批青年，他们的作用已越来越引起人们的重视。其二，有革新创业的愿望和潜力，但在众多的困难、阻力面前，步子迈得不大。有些人刚刚碰了几个钉子就有点泄气。其三，谨小慎微，按部就班，照章办事，工作缺少锐气。这样的人尽管不多，但也不是个别现象。实际上，许多新进领导班子的干部，主要问题还是没有放开手脚干工作，作用没有充分发挥出来。这种情况如果不能迅速地改变，新班子显示出的某些生气就可能逐渐减退。

新干部是在我国历史发展的新时期走上领导岗位的。在这一时期里，我们党必须完成两项伟大的建设工程，这就是加速实现社会主义现代化，以及为此目的而实现领导班子和干部队伍的革命化、年轻化、知识化、专业化。更确切地说，就是要比较长久地解决接班人的问题，保证使改革的事业不仅能够发展下去，而且使改革的成果能够长久地巩固下去。要完成我国历史上这样两项前所未有的创造性工程，就必须改革一切与此不相适应的各种管理制度、领导方法和工作作风，闯出一条具有中国特色的社会主义道路。这就要求担负组织和领导重任的新一代领导者，必须具备高瞻远瞩的眼光和改革创新的风格，立足我国当前的现实，面对世界新技术革命的挑战，在领导工作的各方面锐意革新。譬如，有效地把专业知识同提高领导水平结合起来，促进领导班子大兴学习、钻研之风，加速实现决策的科学化和管理工作的现代化；把本部门的业务指导思想转到服从和服务于党的总路线、总目标的轨道上来，改革不适应社会主义现代化事业要求的经济体制和组织人事制度；共事者之间建立起相互信任、开诚布公、亲密无间的同志关系；推动领导集体克服形形色色的官僚主义和不正之风，下决心从陈规陋习及一般化的领导方式中摆脱出来，扎扎实实地进行调查研究，及时果断地解决问题等。

新进领导班子的干部，对新鲜事物比较敏感，视野开阔，思想活跃，精力旺盛，富于实干精神。特别是当时一大批四五十岁的优秀中年知识分子，不仅具有较高理论水平和文化、专业知识，而且经历过政治方面的种种磨炼，政治上比较成熟，具有比较坚定的共产主义信仰和强烈的事业心。他们大多经受过一定的实践锻炼，比较尊重实际，有热切的改革愿望。他们刚刚进入领导班子，各方面比较超脱。所有这些，都有利于他们在领导工作的许多方面除旧布新，大有作为。只要他们善于发挥自己的优势，勇于探索，敢于走前人没有走过的路，就必将在开创新局面中有所作为。

为此，中央特别提出：新干部锐意革新，就要以无私无畏的精神和坚忍不拔的毅力，去克服改革中的各种困难。应当承认，在当时党风尚未根本好转、某些制度还不完善的情况下，真要革新，确实处处有矛盾、事事有阻力。这些矛盾和阻力，又往往来自朝夕相处的同志，来自社会上旧的习惯势力，这就更增加了改革的复杂性。积久难除的“文山会海”，应接不暇而又确非必要的迎来送往，已经使一些新干部想抓大事而不能。错综复杂的人事关系和“关系网”，莫衷一是的评头论足，妒贤嫉能的冷嘲热讽，更使他们中的一些同志感到苦恼。然而正因为如此，就更需要新上来的干部具有宽广的胸怀和远见卓识，具有克服一切困难的气魄和智慧。在关于改革的大事上，虽然要讲究方法，但绝不能回避矛盾，放弃原则；稳妥是为着扎扎实实地前进。对于陈旧的东西，要下决心去革新，否则它就会不断地干扰、影响事业。所以，新上来的干部立志革新，就得勇敢、坚定，并且始终保持清醒的头脑。要做到这一点，最根本的就是自己要毫无自私自利之心。只要自己确实不计较个人得失，处事公道正派，廉明清正，那么，正直的同志就会坚定地支持和帮助改革者。事实上，真诚从事改革的人已经越来越受到群众的拥护，得到党组织的支持和保护。至于有少数人对他们发难非议，造点流言，这是在所难免的，也无需心存顾忌。更确切地说，所谓干部“四化”的要求必须上升到战略高度加以认识，而“四化”的核心理应是“改革先锋”。正是针对这种情形，万里说：“搞改革的都会得到党和政府的支持。”

面对世界新技术革命迅猛发展的现实，新进领导班子的干部必须清楚地认识到，革新和创业虽是刻不容缓的，但要扎扎实实地实行，除了勇气，还需要坚持不懈的韧性。一切立志改革的同志，一定要在实践中不懈努力、百折不挠，既注意磨炼自己，又不要磨掉锐气。新上来的干部要严于解剖自己，去掉各种盲目性，尽快使自己的思想、工作、作风适应新形势，在革新中充分发挥作用。

一般性的号召必须落实为具体的组织措施，具体的组织措施必须演变为有关机构的常规化操作，只有这样，才能使上述任务落实到实处，才能成为真正意义上的政府行动和组织行为。为此，中共中央组织部负责人代表中共中央在 5 月份公开提出，全国各行各业改革的潮流是不可抗拒的，各级组织人事部门要站在这个潮流的前面，要成为发掘、支持改革者的开路先锋，大胆地、坚决地选拔一大批能够开创新局面的改革者担负各级领导工作；遵循干部队伍“四化”的方针，放手任用改革者，让他们担负领导工作，可以使一个企业、一个地区、一个部门的面貌迅速改观，出现令人鼓舞的新局面。在选拔干部的问题上，对改革者的态度如何，是检验领导机关党性强不强的重要标志，是组织人事部门如何保证实现党的总路线的关键，也是当前和今后一个时期干部工作中应当认真加以解决的重要问题。对此，组织部门应该有强烈的使命感和紧迫感。

中组部负责人强调，改革贵在用人。产品、技术的竞争，实质上是智力、人才的竞争。可以预见，未来的 20 年内，我国现代化建设事业发展得好坏、快慢与否，将在很大程度上取决于由各级领导干部构成的决策集团的水平高低。如果有成千上万符合干部“四化”要求的改革者进入各级领导岗位，他们年富力强，既懂自然科学又熟悉社会科学，既有政治眼光又有组织能力，能够高瞻远瞩，有胆有识，敢于并善于排除干扰，不断激发广大群众改革和创新的积极性，那么，我们就必定能赢得时间，加快赶上世界先进水平的步伐。一个国家，一个民族，只要源源不断地把最优秀的人才推举到领导岗位，就能保证这个国家、这个民族无往而不胜。

为了确保把一批能够开创新局面的改革者选拔到领导岗位，让他们充分发挥积极性、创造性，中央实际上具体实施了三项措施：第一，继续清除“左”的影响。这是因为识别和选拔干部的问题，尽快起用一代新人的问题，实质上就是从广大知识分子（包括自学成才者）、特别是从年富力强的知识分子中择优而任的问题。在这个问题上，担任上一级领导的有些同志头脑里“左”的影响仍然很深。而“左”的东西不清除，党在新时期的用人之道就不可能得到贯彻。

第二，提出配备领导班子要有“四化八门”的观点和“五湖四海”的用人之道。这主要是指，随着历史的发展，干部素质应当赋予新的含义。当时强调的“四化八门”就是干部要革命化、年轻化、知识化、专业化，要有工、农、经、贸、理（论）、科、文、教等专门知识；领导班子一定要根据各级组织、各个部门、各个地区的特点，由符合“四化”要求的有真才实学的干部组成。这样的领导班子才能带领群众，把革命性和科学性结合起来，不断地开创新局面。

第三，要改变过去组织部门选拔干部的习惯做法。例如片面强调实践经验，而不重视文化科学和理论知识；过分重视资历，而不重视实际才干；过分重视党政系统，而不重视经济、科技、文教部门；过分重视照顾关系和个人情绪，而不重视工作和事业的需要；过分重视个别领导者的看法，而不重视大多数群众的意见；过分重视个人的某些缺点，而不重视其主要方面等。我们应该抓住时机，果断地起用那些德才兼备、勇于进取的开拓型干部。

在这些措施的基础上，中央要求各地区各部门，应当在大胆选拔经过实践考验的优秀年轻干部方面有所突破。对看准了的人才，要坚决地、及时地提拔到一、二把手的岗位上来，并创造条件，让他们充分发挥聪明才智。当然，年轻干部中的“三门”（家门、学校门和机关门）干部，即没有挑过担子的年轻同志，不宜一下提到较高的领导岗位，一定的台阶还是必要的。根据具体情况，台阶的周期可以适当调整。

中组部的上述一系列部署说明，选拔、支持一批改革者担负领导工作，是对各级组织人事部门的迫切要求。组织人事部门不但要在坚持干部“四化”方针上旗帜鲜明，态度坚定，而且应当成为选拔、支持优秀年轻干部的带头部门。为此，中央组织部还发了专门的通知，提出组织人事部门的干部尤其是负责干部的结构必须作相应的调整，在加速革命化、年轻化、知识化、专业化方面起表率作用。同时要深入到改革的实践中去，带头改革那些不合时宜的干部制度，为优秀人才的成长搭桥铺路；要打开更多的人才渠道，主动同各行各业的专家、能人交朋友，为党和人民发掘更多的改革人才。



## 二、管好干部管好党

◎整党与清理“三种人”

◎彻底否定“文化大革命”

◎调整领导班子

◎严禁干部经商办企业

如果说新干部的选拔和任命属于一种正面措施的话，那么，1984 年新年伊始所开始的整党运动就多少属于从另一方面所采取的重要措施。它与前一方面的措施相配合而构成了1984年中国政治景观中的一件大事。之所以说这次整党是与前一种正面措施配合的行动，就是因为这次整党的一个重要的核心任务是纯洁组织，要求把坚持反对党、危害党的分子清理出去。而纯洁组织所特指的对象就是“三种人”，即追随“林彪、江青反革命集团”造反起家的人、帮派思想严重的人和打砸抢分子。

中央对清理“三种人”进行了专门的部署，强调指出这是关系到我们在新的历史时期能不能把党建设成为领导社会主义现代化事业的坚强核心，能不能保持党的马克思主义领导的连续性的一个极其重要的问题。

清理“三种人”是为了清除不安定的因素，以保证党和国家的长治久安。清理“三种人”是一项政策性很强的工作，既要坚定，又要慎重。有多少就要清理多少，做到一个不漏，同时防止扩大化，不要把在当时历史条件下犯一般性错误的同志当作“三种人”对待。按照这次整党的部署，主要任务包括三个方面：

第一，统一思想。进一步实现全党思想上政治上的高度一致，纠正一切违反四项基本原则、违反十一届三中全会以来党的路线的“左”的和右的错误。党的历史表明，保持思想上政治上的高度一致是夺取革命和建设胜利的根本保证。十一届三中全会以来党的路线、方针和政策，经过实践检验证明是正确的，得到了广大党员的衷心拥护。党的每一个组织和每一个党员都必须在坚持四项基本原则、坚持十一届三中全会以来党的路线的基础上同中央保持一致。要坚决地改变思想政治工作中的软弱无力的状态，要自觉地坚持贯彻、执行党的路线、方针和政策，要坚决地抵制和克服“左”的和右的错误思想的影响。要把中央的路线、方针和政策同本地区、本部门、本单位的具体实际结合起来，充分发挥自己的积极性和创造性，独立负责地贯彻中央整党的决定。实际上，正是从这次整党开始，思想上与政治上与党中央保持高度一致成为中国特有的政治词汇。

第二，整顿作风。这就是发扬全心全意为人民服务的革命精神，纠正各种利用职权谋取私利的行为，反对对党和人民不负责任的官僚主义。中国共产党除了工人阶级和最广大人民群众的利益，没有自己特殊的利益。半个世纪以来，中国共产党正是由于在实际行动中表明具有大公无私的品格和全心全意为人民服务的精神，得到了人民的衷心爱戴和信赖，才不断取得革命和建设的胜利。

第三，加强纪律。这就是加强民主集中制的原则，反对无组织无纪律的家长制、派性、无政府主义、自由主义，改变党组织的软弱涣散状况。按照中央的说法，在党的不少组织和党员中，当时还未完全清除十年内乱流毒的影响，违反民主集中制的现象还相当严重。一方面，有些领导干部凌驾于组织之上；另一方面，有一些党员和党员干部无视党的组织原则和党的纪律生活。尤其严重的是，十年内乱中产生的派性在一部分党员和党员干部中至今还没有克服。不少党组织的组织生活很不健全，无法开展批评和自我批评。这些现象在这次整党中一定要彻底改变，形成既有集中又有民主、团结一致、生动活泼、纪律严明的局面。

这次整党有着严格的时间限制、范围规定和程序安排。在这个意义上讲，这次整党实际上开创了新时期党内政治运动的新模式，不再搞过去那种螺旋式上升或波浪式推动，不再搞所谓“不达目的决不收兵”，不再搞人人过关式的普查。1984 年 1 月 1 日，中央整党工作指导委员会发出了《关于第一期整党单位的党委或党组必须贯彻执行边整边改方针的通知》，要求有关整党单位必须始终贯彻边整边改的方针，立即动手解决一些能够解决的问题，以便使党内外及时看到整党的实际成效，增强信心，推动整党工作的顺利进行；并指出要把边整边改的重点放在纠正严重的不正之风上。3 月 4 日，中央整党工作指导委员会又发出了《关于对照检查阶段必须注意的若干事项的通知》，指出：对照检查是这次整党工作的一个关键性阶段，而严肃地开展批评与自我批评，是搞好对照检查的关键。《通知》分别就领导班子、领导干部和党员个人的对照检查提出了具体要求。6 月 30 日，中央整党工作指导委员会发出《关于各整党单位在对照检查基本完成后要有一个整改阶段的通知》。11 月 12 日，中央整党工作指导委员会又发出《关于认真做好组织处理和党员登记工作的通知》。这两个通知分别就整党过程中进行整改和组织处理、党员登记有关问题作出了规定，提出了要求，以保证整党工作的顺利进行。

经过一年的努力，第一期整党任务基本完成。从中央机关包括中直机关，到各级基层组织，上至中央副部长一级，下至一般干部，都有因“文化大革命”期间的行为而被调离工作岗位的情况。

如果说清理“三种人”是注重组织处理的措施，那么，与此相关和配合的则是在同一年所发起的彻底否定“文化大革命”的思想舆论活动。“文化大革命”是由领导人错误发动的，被反革命集团利用的，进而给党、国家和各族人民带来严重灾难的一场内乱。十一届六中全会通过的《关于建国以来党的若干历史问题的决议》已经对它作了全面、彻底的否定。但是应该看到“文化大革命”作为一场政治运动虽被彻底否定了，余毒却仍未完全消散，在改革深入的每一个关键时刻，“文化大革命”的思维模式却经常出来作祟，成为改革开放必须克服的思想障碍。

根据中央的调查摸底，对于“文化大革命”的态度，党内存在着不同的情况。一些同志从总体上、原则上否定了“文化大革命”，但在某些具体问题上还有保留，对本地区、本部门、本单位的问题，特别是对跟自己有直接牵涉的问题，则另眼看待，不予否定。另一些同志虽然从个人遭遇出发对“文化大革命”深恶痛绝，可是自己从思想到行动上还受“文化大革命”那种“左”的框框的束缚，无法大踏步地开拓前进。有的同志对“文化大革命”为什么是错的、错在哪里还搞不清楚。更令人担忧的是，一部分“三种人”还在等待时机，妄图东山再起。所有这些情况都说明，在党员和干部中进行一次对“文化大革命”再认识的教育，不论对于搞好整党来说，还是对于实现十二大提出的总任务、总目标来说，都是一个至关重要的问题。

因此，1984 年的整党就是要以彻底否定“文化大革命”为前提。统一思想，解决跟党中央保持一致的问题，首先就要彻底否定“文化大革命”。十一届三中全会以来的路线、方针和政策是建立在彻底否定“文化大革命”的基础之上的，是拨乱反正的产物。对“文化大革命”是否定还是肯定，是彻底否定还是有所保留，直接关系到能不能真正理解和能不能坚定不移地贯彻执行党的路线、方针和政策的大是大非的问题。有的人在从农村到城市逐步兴起的改革热潮面前顾虑重重，对落实知识分子政策和发挥知识分子作用不积极，等等，都跟“文化大革命”中“左”的影响没有肃清有关系。再拿纯洁组织来说，不彻底否定“文化大革命”，消除派性的干扰，危害甚大的“三种人”就清理不出来，甚至有可能被选入“第三梯队”，留下严重的后患。所以，对于彻底否定“文化大革命”这个问题，中央给予了高度的重视。

中央特别强调要重新学习《关于建国以来党的若干历史问题的决议》，进一步弄清作为“文化大革命”理论根据的所谓“无产阶级专政下继续革命的理论”，以及在这个“理论”指导下的一系列方针、政策、方法和全部实践，都是错误的。这就是说，要通过学习，从理论和实践这两个方面把为什么要彻底否定“文化大革命”真正弄清楚。“文化大革命”这五个字的后面，包含着从理论到实践一系列的错误，如果不弄清这些错误的内容、表现及其实质，那就不能从根本上解决彻底否定“文化大革命”的问题。因为从近些年的实践来看，总是有人觉得自己在“文化大革命”中参加的、支持的或保过自己的一派是正确的，另一派是错误的，因此在感情上有亲有疏，选拔干部只着眼于自己这一派的，而清理“三种人”却紧紧盯着另一派。他们只反对别人的派性，不承认自己有派性，甚至还把自己的派性当成党性。因此，进一步从政治上、思想上、组织上消除派性，这是整党中必须解决的一个重要问题。中央提出，各级党组织都要把增强党性、消除派性，特别是消除领导班子中的派性，提到重要位置上来。而只有彻底否定“文化大革命”，才有可能彻底消除派性。从这里可以看出，对于“文化大革命”必须进行一次再认识，这也跟认识其他事物一样，需要多次反复、不断加深，而不能一次完成。

中央根据整党的具体部署提出，各地区、各部门、各单位在学习文件、提高认识的基础上，联系自身的实际，把自己摆进去，实事求是地清理自己的思想，正确认识和对待自己在“文化大革命”中发生的错误和问题。因为“文化大革命”是在特定的历史条件下发生的，其影响是相当普遍的。要肃清“文化大革命”的影响，就要认真地检查人们在“文化大革命”中的错误，清理思想。中央因而要求每个党员和党的干部，在整党中都应该严格要求自己，解剖自己；就是受过冲击、挨过批斗、蹲过“牛棚”的同志，也不能说自己对“文化大革命”中发生的所有问题都认识得很清楚了，因而也有清理思想的任务。事实上，只有在人们认真清理自己思想的基础上，才能肃清“左”的影响，才能彻底否定“文化大革命”。而这一次清理思想、检查错误，主要还是靠自觉，靠自己总结经验教训，提高认识，而不是要求每个人都在会上检讨一番，搞揭发批判。

中央还提出，清理思想的关键是领导干部要带头，从自己做起。这首先是因为领导干部是不是彻底否定“文化大革命”，做到跟中央保持思想上政治上的高度一致，这对于一个地区、一个部门、一个单位的工作能不能开创新局面具有决定性意义；其次是因为领导干部严格要求自己，带头清理自己的思想，对广大党员能起表率作用，而且只有自己清理了思想，才能对别人提出严格的要求，否则对别人的要求也就只能是低标准，而不会是高标准；再次是因为领导干部在“文化大革命”中的表现一般说来是比较好的，问题比较少，因而对于清理自己的思想容易忽视，加上人们给领导干部提意见往往是“话到嘴边留半句”，这就更使这些同志不容易看清自己的问题。这一点尤其值得注意。有些领导同志总觉得自己在“文化大革命”中是挨整的，很少想甚至从来就没想自己有什么错误和问题。但实际上这些同志并不是一点错误和问题都没有。针对这种情况，中央指出：“文化大革命”历时十年，几经周折，一点错误都没有的人为数不多。有些同志总体来看表现很好，“但在某个阶段、某个问题上，也有错误，也有经验教训可以吸取，在这个问题上，也要实事求是；对就是对，错就是错，既不能文过饰非，也不能用对的来抵消错的，更不能用对的来掩盖错的，至于用‘不得已去执行’之类的话来搪塞就更不对了”。

在组织清理和思想整顿的基础上，党中央政治组织方面的工作中心开始向具体组建领导班子，特别是对于改革和经济建设具有重要意义的企业领导班子的问题上转移。为此，中共中央办公厅在 1984 年 8 月 15 日发出《关于北京市和鞍钢领导班子“四化”建设取得新成果的通报》。

自改革开放以来到1984年，中国社会的经济状况已经发生了巨大的变化。伴随着沿海特区的建设和农村改革的深入，特别是伴随着改革向城市推进和以城市为主的工业产业的发展，商品经济急剧发展和发达起来，政府新旧政策之间、一般政策与特殊政策之间、不同的地区政策之间的衔接尚不稳定和紧凑。在这种情况下，一部分机关干部放弃机关工作而进入了经济工作领域，人们形象地称之为“下海”。这部分人与其仍在机关工作的同事联系密切，加上已在商业领域工作的社会从业人员，共同组成了庞大的关系网络，利用政策规定的漏洞和改革进程的“时间差”和“地区差”，利用政策执行中的“人情润滑”来赚取收入。更有甚者，由于社会上一部分先富起来者所形成的超前消费的示范效力，由于机关工作人员收入的相对低下，也由于从事商贸活动的私人资本投入不足，从20世纪80年代开始，有相当部分国家机关及其工作人员开始经营商业或兴办企业，从事营利性活动。

这一现象曾在党内和社会上引起相当大的争论，形成了不同的意见。一种意见认为，在改革进程中，国家机关及其工作人员经商谋利具有特殊的推动作用，一是机关经商可以弥补社会力量的不足，带动整体的改革力量，二是机关工作人员经商可以形成一个改革得利者阶层，因而形成特殊的支持改革的力量，因此，国家机关及其工作人员经商对于改革有着特殊好处，尽管也会产生一些弊端，但这是必须付出的代价。另一种意见则认为，从总体上讲，国家机关及其工作人员经商是同国家机关的职能相矛盾的，不利于经济体制的改革，不利于国家机关及其工作人员发挥应有的作用，还会搞乱社会经济，因此，应当严厉禁止。

从国外的情况来看，世界上许多国家都颁布了禁止国家机关及其工作人员从事营利性活动的法律。这些国家在用法律明确规定国家机关及其工作人员的职责范围的同时，用明示或暗示的方式规定国家机关工作人员不得从事营利性活动。不得兼职，即不得兼任另有报酬的公、私职务，不得从事其他有利可图的活动，有的还对国家公职人员的亲属从事营利性活动有一定限制。

1984年，中央明文规定国家机关和工作人员不得经商。这就应当明确国家机关和国家机关工作人员的范围。在我国，国家机关是指各级人民代表大会、各级人民政府、各级人民法院和专门人民法院、各级人民检察院和专门人民检察院等四种类型的机关。国家机关工作人员即指在上述国家机关内工作的、并从上述机关领取工资的人员。但是，我国的各级人民代表大会的大多数委员都是不脱产的委员，因此，这些禁止性规定不能适用于他们。与我国各级政权组织相应的党委工作机关及其工作人员应视同国家机关和国家机关工作人员，适用禁止性规定。我国的银行和银行工作人员应视同国家机关和国家机关工作人员，也适用这种禁止性规定。银行的工作虽属企业经营性活动，但它对整个国民经济的发展有着极为重要的作用，银行和银行的工作人员如果经商、办企业，从事其职责范围以外的营利性活动，同样会产生上述弊端，危害很大。

这一规定与政府机构改革和干部队伍建设联系在一起，构成了一个初具形态的系统工程，为经济改革奠定了坚实的基础。

## 三、调动一切积极因素

◎欢欣鼓舞的局面

◎民主党派共议国事

◎调动一切积极因素建设现代化

1984 年 5 月，中国人民政治协商会议在北京召开第六届全国委员会第二次会议。这次会议是在我国社会主义现代化建设蓬勃发展，安定团结的政治局面更加巩固，爱国统一战线不断扩大的形势下召开的。会上群情振奋，畅所欲言，充满民主和团结的气氛。实际上，继前一年整个社会所谓地、富、反、坏“四类分子”全部摘掉帽子之后，困扰中国多年的“成分论”终于寿终正寝了。由此产生的社会效应对政协工作具有极大的推动作用。

这次会议首先听取并讨论了邓颖超主席在大会开幕时的讲话，听取并审议了胡子昂副主席关于常务委员会的工作报告和萧华副主席关于第一次会议以来提案工作情况的报告。与会全体委员还列席了第六届全国人民代表大会第二次会议，听取并讨论了政府工作报告，以及其他一些有关国务政务的报告。而在这些例行报告中，反复强调的一点就是：“加强统一战线，调动一切积极因素以推进改革事业。”

会议代表对邓颖超的讲话进行了热烈的讨论，一致认为这篇讲话是对统一战线工作的经验总结，是做好人民政协工作的指针；讲话中提出的发扬统一战线和人民政协工作的优良传统和作风，认真实行政治协商、民主监督、合作共事、广交朋友、自我教育，是正确处理统一战线内部关系，贯彻“长期共存，互相监督”“肝胆相照，荣辱与共”方针的重要保证。这个讲话对进一步开展人民政协工作，发扬社会主义民主，调动一切积极因素，发展和加强中华民族的大团结大统一，必将起到重要的推动作用。

与会全体委员认为要坚定不移地贯彻执行“长期共存、互相监督”“肝胆相照，荣辱与共”的方针，继续落实各项政策，大力支持和发扬各方面人士勇于改革、开拓新局面的创造精神，把统一战线各个方面的积极性和聪明才智，充分发扬起来。特别是要落实好对知识分子的政策，充分发挥他们在“四化”建设中的作用，使他们人尽其才，才尽其用。

各界人士通过政治协商、民主监督和多种方式，在“四化”建设中积极发挥了重要作用。实际上，自前一年的全国政协六届一次会议以后，新产生的常委会先后举行了五次会议。听取和讨论了中共中央和国务院有关部门负责同志关于学习《邓小平文选》的报告，打击刑事犯罪问题的报告、国际形势的报告，迎接新的技术革命的报告，通过了《关于进一步学习〈邓小平文选〉的通知》和《关于严厉打击刑事犯罪活动的决议》。在京政协常委列席全国人大常委会的会议，听取和讨论了有关政治、经济、文化建设的重要问题的报告；座谈并讨论了关于进一步开放14个沿海港口城市，加快沿海地区经济发展的问题。通过对这些报告的座谈讨论，常委们对国内外形势的发展加深了了解，对国家的大政方针提出了意见和建议，积极发挥了政治协商和民主监督的作用。

为了组织与推动政协委员及所联系的各界人士积极为“四化”建设献计献策、贡献力量，政协15个工作组，围绕着国家政治生活、经济建设、文化教育、统一战线工作和群众关心的重要问题，组织了一系列的专题座谈和多次专题调查，向中共中央、国务院各部委提出了许多兴利除弊的意见和建议。政协小城镇调查组的调查已取得初步成果，提出的建议和意见受到了有关方面的重视。自前一年9月胡耀邦总书记视察大西北时提出“种草种树，治穷致富”的号召之后，政协农业组和民主党派分别组织考察组到西北各省和内蒙古五省区进行考察，并交流了考察的情况，提出了建议，受到中央领导同志的鼓励。经济建设组经过调查，提出在距北京160公里的河北蔚县煤田建立坑口煤气发电厂，以解决首都煤气化问题的建议，在国务院领导批示后，经有关方面研究，已被采纳。此前不久，经济建设组又对重庆市经济体制改革综合试点情况进行了调查，深为改革的大好形势所鼓舞，提出了进一步解放思想、放宽政策、加快改革步伐的建议。为了更好地保护现有森林，发展林业，法制组对新《森林法》修改草案进行了研究，提出建议，请全国人大常委会、国务院加速《森林法》的审议并尽快公布施行。国家经委、计委等有关单位对建议中的有关问题作了研究，来函表示欢迎。为了推动知识分子更好地发挥作用，科技组举行了专题报告会，系统介绍了新技术革命，多次召开领导班子新老交替中的知识分子政策问题座谈会，并且在上海召开归国留学生座谈会，对新时期如何进一步发挥科技界知识分子的作用提出了建议。文化组继续协助政府做好文物保护调查，向有关部门提出的建议也受到了重视。委员提案是发扬社会主义民主，为“四化”献计献策的一个重要形式。



与此同时，民主党派和工商联面向社会开展的各项工作已见成效。有些党派组织专家结合讲学进行调查研究，对某些省、自治区、直辖市经济建设中的宏观决策问题，提出积极性的意见和建议，受到地方党政部门的重视。有些民主党派举办的各种业余学校和专业培训班，对发展教育事业、传播科学技术、提高职工和待业青年的业务、技术和文化知识发挥了很好的作用。他们对于一些企业单位改善经营管理、改进技术提供的咨询服务，也取得了明显的经济效益。

## 四、历史的创举：县乡人大代表的直接选举

◎直接选举制度的创设

◎深远的社会意义和制度创新影响

如果说1984年在中国人民政治协商会议历史上是以在中央层次上加强统一战线为标志的话，那么这一年在全国人民代表大会的历史上则是以基层民主的实际推进为特征的。1983年3月五届人大常委会第二十六次会议通过了《中华人民共和

国全国人民代表大会和地方各级人民代表大会选举法》，对县级以下人民代表大会代表的直接选举做出了若干规定，其中的具体实施细则具有明显的可操作性，突出表现了新时期的建设更加注重实效的特点。就具体内容而言，主要涉及三个方面：一是规定了负责组织直接选举的县乡选举委员会的组成方式、工作职能和权力范围；二是规定了具有选举权或不具有选举权的条件和情况；三是规定了候选人产生的办法和选区的划分。

就社会影响的大小而论，有关选举人资格的规定最为突出，所有人在参加选举这项最重要的政治权利的享有方面是平等的，这就从根本上消除了歧视性待遇的存在，进而为调动所有人的积极性创造了条件。

就制度创新的深度而论，直接选举本身所产生的影响最为突出。特别是在 1984 年直接选举实施前后，其效果从一开始就十分明显和突出。按照有关法律的规定，直选产生后的乡、镇人民代表大会有以下几方面职权：一是在其所在的行政区域内，保证宪法、法律、行政法规及人大常委会决议的遵守和执行，决定本行政区域内的经济、文化、公共事业建设计划和民政工作实施计划，审批财政预算和预算执行情况的报告；二是选举和罢免正副乡长、正副镇长，听取和审查乡镇人民政府的工作报告，撤销其不适当的决定和命令；三是保护社会主义全民和集体所有的财产，保护公民私人所有的合法财产，保障农村集体经济组织应有的自主权，保障少数民族的权利，保障公民的人身权利、民主权利和其他权利，以及妇女的男女平等、同工同酬和婚姻自由等权利，维护社会秩序。

更值得重视的是，县、乡两级人大代表的直接选举所产生的效果更加深刻，为人大制度的完善奠定了坚实可靠的基础。1984年直接选举后的统计结果表明，在担任选民受托选举人的各级人大代表中，由直接选举产生的县、乡级人大代表占代表总数的大多数。他们既是直接选举的结果，又是间接选举的发轫，是从直接选举走向间接选举的桥梁。县以上人大代表虽然不由选民直接选举，但他们是受选民委托行使更高层次选举权的，既然整个间接选举的行为人都是人大代表，而县级以上代表又是由选民直接选举的代表逐级选举的，那么，县、乡级人大代表的选举则是选民挑选受托选举人的第一道关口。

我国当时直接选举的范围还只限于县、自治县、不设区的市、市辖区、乡、民族乡、镇的人大代表的选举，对于县以上各级人民代表的选举，仍采取间接选举的方式。这是由我国所处的社会主义初级阶段的实际情况决定的。首先，从社会主义民主政治发展程度来看，由于旧中国半封建半殖民地社会遗留的历史包袱很重，再加上我们工作上的一些失误，过去一段时期不重视人民代表大会制度建设，人民通过普选实现政治参与的程度还相当低，这种状况当然急需改变，但要一下子根本改变，事实上不可能。其次，我国当前的经济、文化发展水平还很低，由此也决定了实行全国范围的直接选举所必要的物质、技术条件（如财力、交通、信息传输、统计、监测手段等）还不具备。特别是在广大农村和边远地区，不要说对全国，就是对全省范围内选举的实际情况也很难直接地、及时地了解。在这种情况下，立即将直接选举的范围扩大到全国或省一级，让选民直接对全国或省级人大代表候选人提名，或对候选人在毫无了解的情况下盲目进行选举，不仅会使选举活动流于形式，还会将选举组织者的意志无形中强加给选民，降低选举的真实性。再次，选民的选举意识和参选心理，是选举活动是否搞得好的关键。如果选民对更高层级的选举与自己最切身的利益关系感受不深，他们对选举活动的热情便很难提高，即使人为地扩大直接选举的范围，表面上似乎扩大了直接民主，实际上参与者会认为不过是例行公事，会抱着应付态度，而不认为自己是在行使当家作主的权利。

在对第一次直接选举结果所进行的评估中，人们普遍认识到，经过直选的制度安排，国家权力的配置关系的内涵发生了特定的变化，在我国地方政权机构中，地方人大处于权力中心地位，同级地方政权的其他机关是由它产生的，它们所行使的职权是它依法赋予的，并直接受到它的监督，因而具有一定的派生性。从国家权力与国家权力源即人民权力的关系来说，地方人大拥有的地方国家权力，是本行政区域内人民权力的转化形态，这种转化是以人大代表为中介而实现的。因此，相对于本行政区域内全体人民而言，地方人大拥有的地方国家权力，亦具有派生性。而在这里，直接选举的实践提供了一种极其重要的基础性资源，权力合法性的来源和权力授受的原则主要表现在：

第一，地方人大产生的基础是人民的普遍选举。根据《选举法》第二条的规定：县以下（含县级）的人大代表由选民直接选举产生；省、自治区、直辖市、设区的市、自治州的人大代表由下一级人大会议选举产生。不论直接或间接选举产生的地方人大，尽管与广大选民发生关系的方式有直接与间接之别，但归根到底都来源于本地区人民的选举。

第二，地方人大行使的权力，尽管是宪法和地方组织法赋予的，但是，有权制定宪法和法律的全国人大，本身就是广大人民意志的产物，是各地区人民意志的实体化，因而宪法和法律赋予的权力，归根到底是人民赋予的，这对各级人大都不例外。

第三，地方人大的权力是由本地区人民选派的使者直接行使的。地方人大权力作用的发挥程度，不仅取决于人大制度以及整个政治体制的健全程度，而且直接决定于地方人大代表的参政活动状况。正是人民通过选举，把自己最信得过的人推选到地方各级人大去，对本地区关系全局的重大问题进行充分讨论，作出决策，敦促监督。“一府两院”贯彻执行，地方人大的权力作用和权力中心地位才能得到体现。

第四，地方人大代表在行使职权时，必须受本地区人民直接或间接监督，对人民负责。如果不能正确处理自己与人民的关系，不能忠实、谨慎地用好人民赋予的权力，而是假人民之权以谋私，或者歪曲民意，那么，人民有权随时依法撤换、罢免他们，收回交给他们的权力。

所有这些均说明，地方人大所拥有和行使的权力，本质上是人民管理地方国家事务权力的转化形态，实现这一转化的决定性条件是地方人大代表的“中介”作用的发挥程度。由此，1984年的政治进程因为直接选举的实践而具有了特殊的意义。

# 第五章

## 百万大裁军

春潮涌动——1984 年的中国

## 一、对国际形势的新估计：大仗打不起来

◎邓小平说："如果工作做得好，战争是可以避免的"

◎美苏两家军事均衡

◎力量对比：和平超过了战争

1984年世界形势将会怎样发展？是年2月1日，《解放军报》以此为题发表了一篇中外舆论新年展望。文中提到，美国观察家哈希认为，美苏对抗在今后整个一年中将继续成为世界事务的主要特点。伦敦国际战略研究所所长奥尼尔说，现在的美苏关系处于"最险恶的状态"，"根本看不到这种关系在今年可能得到改善的前景"。在列举了一系列中外舆论新展望后，《解放军报》的文章得出了这样的结论：1984年的世界局势仍将是动荡不安的。在全球范围，美苏的争夺目前处于互有攻守的战略僵持态势。可能在某个问题上暂时出现某种妥协，但它们之间的根本利害冲突是难以消除的。同时，文章也指出：只要全世界人民坚持不懈地同霸权主义进行斗争，打乱它们的战略部署，世界和平是可以维护的。

世界形势如何发展的问题，归根结底是战争与和平的问题。对这个问题，从20世纪50年代后期开始，中国决策层一直认为战争不可避免，而且是紧迫的，战争因素在不断增长，战争危险日渐逼近。因此"要准备打仗"，"整军备战"遂成为中国国防建设和军队建设的指导思想。林彪在主持军委工作期

间更是把准备打仗抬到高于一切的地位，提出“要用准备打仗的观念观察一切，分析一切，认识一切，对待一切”，要求人们以所谓“临战的姿态”去从事各项工作。长期以来，在“早打、大打、打核战争”的思想指导下，中国的国防建设总处于被动应付战争的状态，几十年如一日“备而不战”，投入过多的人力物力财力，进行大规模的战场建设和国防建设，对和平时期国防建设缺乏全面系统长远的考虑。其结果，不仅浪费了大量的人力物力财力，而且失去了许多宝贵的时间，既影响了国家经济建设，又延缓了国防现代化的进程。

进入20世纪80年代，中国历史进入改革开放的新时期。国际上，美苏两个超级大国在全球争霸的战略态势也在发生微妙变化。美苏双方在军事对抗的同时开始谋求通过对话来解决它们之间的争端。世界政治的多极化趋势正在逐步代替第二次世界大战后形成的两极格局。和平与发展成为当今世界的主题。邓小平审时度势，透过国际关系错综复杂的表象，用马克思列宁主义立场、观点、方法，对国际形势作出了科学的分析和判断。邓小平早在1975年就讲过，大仗五年打不起来。1980年1月16日，邓小平指出：如果反对霸权主义的斗争搞得好，可以延缓战争的爆发，争取更长一点时间的和平。1982年11月9日，邓小平在会见中日友好代表团成员时指出：战争的危险始终存在着，但看来近期内打不起来。维护世界和平始终是摆在当代人类面前的迫切任务。要维护世界和平，就要从各个角度反对霸权主义。1984年，他进一步指出：仗打不起来这个话，我们多次讲过。过去讲十年，现在过了几年，还可以讲十年。

后来，邓小平又说："我们希望至少20年内不打仗，更希望70年内不打仗。那我们就可以有时间从从容容地搞我们的社会主义四个现代化。""如果真是20年、30年不打仗，50年之间不打仗，这个战争就可能避免。"1986年2月他在同美国前副总统蒙代尔的谈话中指出："从当前总的形势看，战争可以制止，如果工作做得好，是可以避免的。"他在同年4月会见新西兰总理朗伊时又指出："改变了过去认为战争不可避免的观点，认为战争是可以避免的，和平是可以赢得的。"

这个改变，关系十分重大。是有利于和平、有利于制止战争的战略性的改变。在国际事务中，中国的力量是举足轻重的。中国经济虽然不很发达，但是块头大，人多。所以我们强调，中国的发展是和平力量的发展，是制止战争力量的发展。根据这个独立自主的外交政策，我们改善了同周边国家的关系，加强了同各国人民的联系。并且在同霸权主义的斗争中，有着坚定的立场。不管对中东问题、非洲问题，还是拉丁美洲问题，更不用说亚洲问题，都表示了我们坚定的立场。这就增强了中国在国际上的地位，增强了中国在国际问题上的发言权，就有利于我们大胆地一心一意地来搞我们的四个现代化建设。

邓小平对国际形势发展的分析、判断，特别是关于大仗打不起来的科学论断，为中国军队建设指导思想实行战略性转变奠定了思想基础和理论基础。

邓小平提出大仗打不起来的客观依据何在?

第一，邓小平认为，在当时的国际舞台上，讲世界战争只有两家有资格，一个是美国，一个是苏联。他们两家东西都多，特别是原子弹，常规武器也都多，都有毁灭对手的力量。因此，谁也不敢先动手。也就是说，双方实际上是军事的平衡。

近二三十年来，美苏在争夺势力范围的角逐中，都想在军事上压倒对方，以期不战而胜，或战而胜之。所以，双方在维持常规作战能力的同时，竞相发展战略核力量。20 世纪 60 年代，美国的军备领先；70 年代，苏联超过美国；80 年代，美国急起直追，达到新的大体均衡。苏军前参谋长奥加尔科夫曾指出：苏美拥有的核武器“可以在极短的时间内毁灭敌方土地上全部重要目标许多次”，“以致再增加数量会变成毫无意义”。西方把这种核武器的对比状况叫作“确保相互毁灭”。苏联著名政治评论家鲍文指出：“谁开第一枪，谁就第二个死。”武器的威力越大，使用武器的可能性就越小。因此，在世界大战这个问题上，确实已经出现值得人们注意的新情况，如果打起大战来，双方都毁灭，战争作为一种政治的手段就失去了意义。战争的手段第一次和战争的目的发生了矛盾。西方的一些战略家由此断言，核武器的出现既有毁灭世界的危险，又有制止战争的可能。

另一方面，两个超级大国的全球战略部署没有完成，这也是它们之间战略均衡、互相牵制的一个重要表现。此外，在美苏分别作为盟主的北约和华约两大军事集团内部，独立倾向越来越明显和公开化，这对两个超级大国的战略部署也是一种牵制。

第二，邓小平指出：我们在战争问题上由悲观变为乐观，但不能掉以轻心，和平必须争取才能赢得；战争的危险还是存在的。但是和平力量的发展超过了战争力量，争取一个较长时间的和平是可能的。

第二次世界大战后的40多年里，世界上各种政治力量几经变化消长，从国际社会复杂的发展过程来看，世界始终存在着两种力量，一种是战争的力量，一种是和平的力量。这两种力量从战后至今一直进行着激烈的搏斗。尽管战争力量在增长，但是，争取国际和平事业的国家越来越多，和平运动的规模越来越大。特别是20世纪80年代以来，世界人民在和平的旗帜下，为反对霸权主义、维护世界和平而共同奋斗。越来越多的国家执行独立自主的对外政策，国际关系民主化的趋势日益明显。世界政治的这一发展方向，加上世界经济的国际化发展，使得国家利益的考虑在不同的程度上减轻了由意识形态和社会制度不同而产生的敌对情绪。世界格局由两极向多极化发展，这本身就是一种维护和平与稳定的力量。这些都表明，和平是世界人民共同的愿望和努力的结果。只有把反对霸权主义的斗争搞好了，才可以延缓战争爆发，争取长时间的和平。这是邓小平通过深刻分析国际形势作出的科学判断。

对国际和平因素与战争因素的发展变化进行科学判断，是制定国防建设指导思想的基本依据。基于对当代世界战略格局和战争形势的科学分析，1985年5—6月间召开的中央军委全委扩大会议提出国防建设指导思想实现战略性转变。战略性转变的基本内容，就是把长期以来立足于“早打、大打、打核战争”的指导思想，转到和平时期建设的轨道上来。具体说来，一是从侧重于军队建设转向全面建设国防；二是从临战状态下的应急性转向相对稳定形势下的从根本上谋求发展的建设；三是从单目标的国防建设转向多目标的国防建设；四是从着重装备转向着重研制；五是由消耗型国防转向增殖型国防。



## 二、国防新定位——服从国家建设大局

◎节省“人头维持费”

◎军队直接参加经济建设

◎国防军工结构实现军民一体化

1984年1月1日，组建30多年、修路架桥、足迹踏遍大江南北的中国人民解放军铁道兵正式并入铁道部，原铁道兵领导机关和部属各师分别改为铁道部工程指挥部和铁道部第十一至第二十工程局，继续承担铁路建设任务。

铁道兵改为铁路职工，是军队一心一意服从国家经济建设大局的一个缩影。

军队要服从国家经济建设的大局，这是邓小平深刻分析和科学把握和平与发展这一时代主题后提出的要求，它也是新时期中国军队建设的一条基本原则。

邓小平认为，在新的历史条件下，国家建设和军队建设是一个统一体。国家建设是全局，军队建设是局部。军队建设必须在国家建设的大局下面进行。四个现代化，其中之一就是国防现代化。

1984年10月，十二届三中全会通过了《中共中央关于经济体制改革的决定》。为贯彻全会精神，中央军委座谈会于10月25日至11月2日在北京召开。11月1日，邓小平在会上发表讲话，着重谈到了军队要服从整个国家建设大局的问题。他说："现在需要的是全国党政军民一心一意地服从国家建设这个大局，照顾这个大局。这个问题，我们军队有自己的责任，不能妨碍这个大局，要紧密地配合这个大局，而且要在这个大局下面行动。军队各个方面都和国家建设有关系，都要考虑如何支援和积极参加国家建设。"①

在这一思想指导下，1985年中国政府作出了减少军队员额100万的重大决策，国防建设指导思想实现战略转变，并由此结束了国防建设和军队建设长期存在的被动应付局面，理顺了国家经济建设与国防建设、国防建设与军队建设、军队建设与战备工作等多方面的关系，使军队和国防建设走上了正确的、健康发展的轨道。

从理论上讲，经济建设是国防建设的物质基础，军队建设和国防建设的规模、质量、速度等都要受国家经济实力的制约。20世纪50年代初，大规模的战争刚刚结束，党中央便适时作出了由武装斗争转向经济建设的重大战略决策，军事工作也随即转入和平建设时期，百万大军迅速走上社会主义建设的新战场，国防建设开始从基础抓起，组建新的军种、兵种，迅速完成了由单一步兵向诸军兵种合成的转化。同时，兴建各类

① 《邓小平文选》第三卷，人民出版社1993年版，第99页。

军事院校和研究机构，培养出大批适应现代化建设的专业人才，基本形成了自己的国防工业体系和战略后方的布局。短短几年，国防建设随着国家经济的恢复与发展，出现了喜人的局面。但从 20 世纪 50 年代末起，由于党的政治路线发生失误，结果把有限的财力、物力分散，劳师误时，延缓了国防现代化建设的进程，给国家经济发展带来了一定的压力。

邓小平认为，军队装备真正现代化，只有在国民经济有了比较好的基础上才有可能，到了那个时候，我们经济力量强了，就可以拿出比较多的钱来更新装备，“千方百计使我们国家经济发展起来。发展起来就好办了。大局好起来了，国力大大增强了，再搞一点原子弹、导弹，更新一些装备，空中的也好，海上的也好，陆上的也好，到那个时候就容易了”[①]。因此，在国家的财力物力有限，军费不可能有很大增加的情况下，要真正把我军的现代化搞上去，就必须转变军队建设的指导思想，树立服从国家经济建设大局的观念，主动让路，自觉忍耐，而且要准备忍耐一段时间，主要顾一头，先把经济建设搞上去。经济建设搞上去了，军队现代化建设也就有了物质基础。他说：现在就是要硬着头皮把经济搞上去，就那么一个大局。我们所谓照顾大局，第一个大局就是这个，一切都让路！

国防服从国家建设大局的重要一条，就是根据军队现代化建设的要求，用改革体制、精简整编的办法，减少兵员数量，提高兵员质量，把部队搞精干，节省“人头维持费”，增加装备

① 《邓小平文选》第三卷，人民出版社 1993 年版，第 99～100 页。

费，把有限的国防费用在刀刃上。军队编制体制的调整改革，离不开国家经济建设现代化的客观实际。邓小平主持军委工作以后明确提出：军队要“消肿”。邓小平把精简机构当作是“一场革命”。如果不搞这场革命，让党和国家的组织继续目前这样机构臃肿重叠、职责不清，许多职员不称职、不负责，工作缺乏精力、知识和效率的状况，是不可能得到人民赞同的。

十一届三中全会以来，在邓小平和中央军委的领导下，人民解放军的精简整编工作取得了很大的成绩。1975 年至 1976 年，全军员额减少了 13.6%。1980 年至 1984 年，全军转业了 40 万干部。1984 年，中央军委酝酿进一步精简整编，总参谋长杨得志在 11 月召开的军委扩大会议上，提出了部队精简 100 万的初步设想。1985 年 6 月，邓小平宣布：中国人民解放军减少员额 100 万。这一工作在三年内完成，此次裁减是人民解放军建设史上的第三次大规模精简，在国内外产生了深远的影响。军队裁减员额 100 万时，有人算了两笔账：近几年军队人均国防费一直在 4000 元人民币左右，100 万人的国防费则合计为 40 亿元，这笔钱如果用于经济建设，能够修建一座 400 万千瓦的电站，或者 1200 公里长的铁路。另一笔账，这 100 万人走上社会，变成生产者，如果投入工业，按每人年均创造价值 5000 元的财富计算，就可以为国家创造 50 亿元财富。邓小平把不合理的编制体制当作是人民解放军向高级阶段发展的一个障碍。1980 年，邓小平指出：我们国家现在支付的军费相当大，这不利于国家建设；军队人员过多，也妨碍军队装备的现代化。减少军队人员，把省下来的钱用于更新装备，这是我们的方针。如果能节省出一点用到经济建设上就更好了。

在此期间，国防费占国家财政支出的比重逐年下降：1979年的国防费占国家财政支出的17.5%，1980年降为16%，1985年降为10.4%，1987年降为8.6%。

国防服从国家建设大局的另一个表现是军队直接参加国家经济建设。人民解放军许多部队直接承担国家的一些重点建设项目，充分发挥组织严密、突击力强的优势，多快好省地完成了国家和地方政府委托的任务。据不完全统计，仅“六五”期间，人民解放军参加国家和地方大、中、小型工程建设就有1万多项，投入劳动日1.1亿多个，机械、车辆250多万台次，抢救遇险群众约68万人次，抢运物资150多万吨，为群众治病4450多万人次。随着国防建设指导思想的战略转变，由军队承担的经济建设项目不断增加，军队在经济建设中的作用越来越明显。

国防服从国家建设大局还意味着国防军工战线在经济建设中发挥更大的作用。我国的国防军工业，是科技、人力、物力、财力高度集中的领域，无论在技术力量和物质力量上，都比一般国民经济部门有更大的优势。国防建设指导思想实行战略性转变后，根据国务院和中央军委的决定，国防工业部门除了用少量质量高的力量从事新的武器装备的研制外，用更大的力量去搞国民经济建设，充实和提高经济建设产品的数量、质量。有些军工企业，在产品的设计制造时，就可以考虑到军地两用的需要，达到性能上的通用化、标准化和技术工艺上的同一性，在结构上形成军民一体化。同时，部队腾出部分机场、港口、设备和空闲的营房、仓库、场地等，为地方经济建设服务。海军解决了对外开放的20多项涉及军事设施的问题，腾出一批军港、机场、支援沿海港口城市开发建设，供起飞、降落使用；全军有300多条铁路军事专线向社会开放，100多个油料设施也对社会开放。

军队建设要服从国家经济建设大局，是邓小平基于我国的客观实际和经济建设的要求提出来的。这样做，既是贯彻以经济建设为中心的意图，也是利国利民、利于增强综合国力的正确抉择。

我军建设指导思想上的战略性转变，不是消极被动的措施，而是积极主动的决策。目的既是为了加强经济建设，也是为了加强国防建设和军队建设。这一转变，固然有其国际、国内和我军自身的客观需要，但更是党中央、中央军委以及邓小平高瞻远瞩，主动迎接未来挑战所作出的积极抉择。其基本精神不是认为国防现代化可以停一停、慢一慢、放一放，而是要想方设法，通过主动地进行转变，去加速国防现代化的进程。

## 三、寓兵于民的创制：民兵与预备役相结合

◎群众武装大发展

◎预备役部队的兴起

◎大中学生接受军训

1984年5月31日，中华人民共和国主席李先念发布第14号主席令，命令指出：新《兵役法》已由中华人民共和国第六

届全国人民代表大会第二次会议于 1984 年 5 月 31 日通过，现予公布，自 1984 年 10 月 1 日起施行。

新《兵役法》共有 12 章 65 条，内容包括总则、平时征集、士兵的现役和预备役、军官的现役和预备役，军事院校从青年学生中招收的学员、民兵和预备役人员的军事训练、高等院校和高级中学生的军事训练、战时兵员动员、现役军人的优待和退出现役的安置、惩处和附则。新《兵役法》的一个重要内容是它规定我国将实行义务兵役制为主体，义务兵和志愿兵相结合、民兵和预备役相结合的兵役制度。

实行民兵与预备役相结合，是加强我军后备力量建设的重要措施，也是我国 30 多年来兵役制度实践经验的总结。我军实行民兵与预备役相结合的后备力量建设制度，是经过多次反复，走过弯路，直到 1984 年才确定下来的。我国实行民兵制度，是中国人民政治协商会议第一届全体会议通过的《中国人民政治协商会议共同纲领》规定的。1951 年 3 月，中央军委决定地方县以上政府设立人民武装部，乡或行政村设民兵队部。1955 年我国由志愿兵役制改为义务兵役制后，重点抓了预备役建设。1957 年 6 月中央军委决定将民兵和预备役合而为一。1958 年全国大办民兵师，从而又否定了预备役制度。在认真总结经验的基础上，1984 年 5 月第六届全国人大第二次会议通过的新《兵役法》，确立了民兵与预备役相结合的后备力量建设制度。

民兵是不脱离生产的群众武装，是我军的助手和后备力量，是我国武装力量的组成部队。民兵制度是中国共产党在长期革命战争中创建的一项传统的军事制度，在革命战争年代，民兵积极配合军队作战，补充军队兵员，对我军的发展壮大和取得革命战争胜利发挥了重大作用。新中国成立后，国家把实行民兵制度作为优良传统继承下来。民兵的任务是：积极参加社会主义现代化建设，带头完成生产和各项任务；担负战备勤务，保卫边疆；维护社会治安工作；随时准备参军参战，抵抗外来侵略，保卫祖国。1984 年 10 月 1 日起施行的《中华人民共和国兵役法》规定，乡、镇和企事业单位都建立民兵组织。凡年满 18 岁、符合服兵役条件的男性公民，除应征服役以外，都编入民兵组织。民兵分为基干民兵和普通民兵。28 岁以下的退出现役的士兵和经过军事训练的人员，编为基干民兵；其余 18～35 岁、符合服兵役条件的男性公民，除应征服现役以外，编为普通民兵。根据需要，可吸收女性公民参加基干民兵。民兵作为群众武装组织，其编组原则是与他们所在的行政组织和生产组织相适应，按军队编制序列编成班、排、连、营、团等，便于领导、便于战时就地配合军队作战和担负各项作战勤务。在民兵建设中强调基层组织落实和基干民兵建设。民兵组织受各级地方党委（支部）和军队的双重领导，民兵要按规定进行军事训练和政治教育。经过长期建设，民兵不仅在保卫祖国，参加社会主义建设中做出了重大贡献，而且队伍更加强大，已由单一的步兵发展成为包括高炮、地炮、通信、工兵、防化、侦察以及海军、空军等专业技术分队在内的强大的群众武装。

实行预备役制度，是保证战时我军能够迅速动员扩编应付突发事件的重要措施，是加强国防后备力量建设的重要组织形式。预备役由服满现役的退伍军人和未被征集服现役的符合兵役条件的人员充任。他们平时在各自的岗位上生产和工作，接受定期的军事训练，国家一旦需要，应如期到军队服现役。新《兵役法》规定，士兵预备役分两类：第一类，包括基干民兵和经过预备役登记的28岁以下的退伍士兵与专业技术人员；第二类，包括普通民兵和经过预备役登记的29～35岁的退伍士兵以及其他符合条件的男性公民，确定服预备役的退伍士兵、专职人民武装干部、民兵干部、非军事部门的干部和专业技术人员，以及经过军事训练考试合格的高等院校毕业学生。现行的预备役制度主要内容包括：进行预备役军人登记，对预备役军人进行军事训练，组建预备役部队和组织在校学生军训。

从1983年开始，各军区普遍组建了预备役部队。预备役部队的最大特点是平时寓兵于民，战时可以用最快的速度动员集结转为现役部队，成建制地补充野战军或单独执行作战任务。它既区别于现役部队，又不同于一般的民兵组织。其具体组织形式和训练方式是：（1）它是以现役军人为骨干，以预备役军官、士兵为基础，按照我军的统一编制组建起来的师或团级部队。师、团、营和部分连队的军官以及机关部门、科室的主要干部是现役军人，其余是地方干部、退伍军人、基干民兵和经过登记的预备役人员。（2）凡按照中央军委计划，经总参谋部批准组建的预备役师、团，属于中国人民解放军建制序列，分别是我军的师、团级单位，授有番号、军旗，实行统一的编制。平时隶属于省军区，战时归指定的野战部队指挥（海、空军预备役师归海、空军建制，平时受海、空军和省军区双重领导）。（3）按照总参制定的军事训练大纲要求，有计划成建制地分期分批进行军事训练，并定期进行动员演练。（4）就地就近储备相应的武器装备和各类后勤物资，对战时所需的车船、马匹、工程机械等军民通用的装备物资，平时都制定了计划，做好征用准备。（5）预备役部队同其他一切武装力量一样，置于党的绝对领导之下。预备役部队都建有党委，受省军区党委和同级地方党委的领导，实行党委统一的集体领导下的首长分工责任制。在党委领导下，加强政治工作，保证预备役部队不断提高军政素质，增强现代条件下快速动员和作战的能力，切实做好随时转为现役部队、执行作战任务的各项准备工作。动员教育预备役人员在没有战争的情况下积极参加社会主义现代化建设，在建设社会主义物质文明和精神文明中发挥骨干作用。经过几年的建设，预备役部队已初具规模。

对高等院校和高中学生进行军事训练，是加强后备力量建设的一个重要方面。学生参加军训，则是公民履行兵役义务的一种形式。我国从 1955 年第一部兵役法颁布时，开始进行学生军训试点。由于当时高校普遍实施军训的条件不够成熟，1957 年 6 月高教部、国防部等单位联合发出通知，暂停军训试点工作，至 1983 年，学生的军训工作一直没有推行。1984 年新的兵役法重新规定，对高等院校、高级中学和相当高级中学的学校学生实施军事训练。从 1985 年起，国务院有关部委和军队三总部决定，在全国一些高校和高级中学进行学生军事训练，进行了试点和更大范围的军训工作。颁发了训练大纲，对学生军训的目的、内容、时间和要求等作了具体规定。通过军训，使学生开阔了眼界，增长了知识，明确了责任，养成了守纪律、听指挥的好作风。

总之，实行民兵与预备役相结合的制度，弥补了民兵在补充兵员工作方面的不足，使我军后备力量建设体制更加完善，更有利于加强对后备力量建设实行统一的领导和管理，使国家的动员体系更符合我国的国情军情。同时，既节省军费开支，又能保持相应的国防实力和应变能力。搞好预备役部队建设也是精简常备军的重要保证。



## 四、创新之举：培养军地两用人才

◎让战士既能打仗又能搞建设

◎一兵多能：方法多，路子广

1984年11月1日，邓小平在中央军委座谈会上发表讲话时强调指出：军队各个方面都和国家建设有关系，都要考虑如何支援和积极参加国家建设。“培养军队和地方两用人才，也是个顾全大局的问题。现在军队这方面工作做得不错，有成绩，这个很好。军队培养两用人才，地方是欢迎的。”

邓小平的讲话，标志着培养军地两用人才的工作进入一个新阶段。

从20世纪70年代末开始，中国人民解放军为适应国家和军队现代化建设需要，着手把干部、战士培养成为既能保卫祖国又能建设祖国的具有双重能力的人才。这项工作，是在邓小平领导下开展起来的，并被作为新时期军队训练工作和政治工作的一项重要内容。

“文化大革命”结束后，整个国家重新走上现代化建设的轨道。现代化最急需的是人才。特别是8亿人口的农村，更是人才奇缺。当时，军队有几十万干部要转业到地方工作，每年又有数十万战士复员。如何使转业干部和复员战士得到妥善安置并在地方建设中发挥骨干作用，是个亟待解决的问题。1977年12月28日，邓小平在中央军委全体会议的讲话中，第一次提出了培养军地两用人才这个问题。他说：“要把教育训练提高到战略地位，就包括把军队办成一个大学校，使干部既学到现代战争知识，又学到现代科学知识和生产知识，还要学会做政治工作和管理工作。这样，我们的军队干部既能在军队建设中发挥作用，到地方上也能发挥作用，打起仗来，又可以在战争中发挥作用，就成为军队和地方都合用的干部。”① “对战士的教育训练要做到一兵多能。要学政治、学军事、学技术，还要学点数理化，学点工农业知识，学点外语”，这样，战士“到地方就会发挥很大作用，地方上也比较欢迎”。② 南京军区某师、成都军区某团、中央警卫团等部队，率先开展起培养军地两用人才的工作。这些单位主要采取在营、连办班的方式，让干部、战士学习科学文化知识和一些简单的民用技术。1982年中共十二大提出：“人民解放军不仅要成为保卫社会主义祖国的钢铁长城，而且要成为建设社会主义物质文明和精神文明的重要力量。”这一要求对全军学习科学文化和培养军地两用

① 《邓小平文选》第二卷，人民出版社1994版，第79页。

② 《邓小平文选》第二卷，人民出版社1994版，第80页。

人才的工作是一个强大的推动力。

在 1982 年 12 月 8 日召开的中央军委座谈会上，军委领导肯定了各部队培养军地两用人才的做法和经验。同时，总政治部将南京军区某师的经验通报全军，并指出："把干部战士培养成军地两用人才，是新时期部队建设具有战略意义的一件大事，是政治工作的一项重要任务"，"各级党委和政治机关要结合贯彻十二大精神，把这件事作为开创部队建设新局面的一项重要内容，认真抓起来"。在中央军委的号召下，培养军地两用人才的工作在全军普遍兴起。

1983 年 5 月，总政治部主任余秋里在浙江金华主持召开第一次全军性的培养两用人才经验交流会（又称第一次金华会议）。会议推广和交流了南京军区某师等 30 多个单位的经验。余秋里在会上指出：培养两用人才符合历史潮流，符合建军方向，符合广大干部、战士和人民的愿望，是利国、利军、利民、利兵的大好事。他要求全军把这项工作认真开展起来。

这一年八一建军节前夕，总政治部在中国人民革命军事博物馆举办了学习科学文化知识、培养军地两用人才展览。邓小平、叶剑英、徐向前、聂荣臻、杨尚昆等军委领导为展览题了词。邓小平的题词是："大力培养既能打仗又能搞社会主义建设的军地两用人才。"

从此，培养军地两用人才的活动得到全面发展。到 1983 年年底，全军已办起了各种专业知识和技术学习班（组）12.1 万多个，有 172 万多人参加学习，其中 62 万人学会了一两项民用技能；涌现出先进军级单位 16 个、师级单位 44 个、团级单位 115 个。翌年，活动规模进一步扩大，全军参加民用技术训练的干部战士超过 200 万人，其中有 43 万多人获得结业证书、技术等级证书。

1984 年 8 月 15 日，《解放军报》发表文章说：全军培养两用人才工作取得新发展。今年以来，全军各部队在广泛开展培养军地两用人才工作中，发扬改革创新精神，认真研究新情况，探索新路子，创造新经验，取得了八个方面的新发展。首先着眼于提高干部战士的军政素质，把培养两用人才工作逐步纳入教育训练轨道。空军某师、乌鲁木齐军区某团制定了培养军地两用人才大纲，与训练大纲和政治教育大纲一并实施，做到计划统一制定，时间统一安排，经费统一使用。其二，抓好干部学习现代科学知识和技术，适应新的技术革命的需要。南京军区某师有计划地组织干部学习电脑、信息学和运筹学。成都军区某师多次请地方大学教授上新的技术革命知识课，并派出 11 名干部到科研单位学习电脑技术。干部们反映，掌握了现代科学知识和技术，不愁打仗和建设没有用场！其三，实行定向培养，为农村发展商品生产培养更多有用人才。广州军区某师、沈阳军区某坦克团开办了农业技术学校。武汉军区某农场有 952 人成为生产的技术骨干，在发展商品生产中起了重要作用。其四，发展中等专业教育，培养质量较高的两用人才。不少单位根据部队现有条件，借助地方力量开办中等专业学校，学生毕业时用地方中专水平的考试题目进行考试，合格者由地方中专学校颁发文凭。其五，发挥专业优势，将技术引进训练。总参、总后、海军、二炮、国防科工委一些专业技术单位将地方同行业的有关技术引入到训练中来，并按照国家统一颁布的技术标准考核鉴定，从而使本职专业真正达到了军地通用。其六，广泛开展“军地共育”，育才门路更加宽广。北京军区某团在与驻地清苑县实行“共育”的基础上，又创造了部队、驻地和战士家乡“三方共管两用人才”的新方法。“军地共育”活动的开展，较好地解决了部队育才中遇到的师资、教材、场所等方面的困难。其七，抓好考核发证，得到社会承认。其八，创办“两用人才介绍所”，使育人、荐才、用才成龙配套。江苏省泗县人武部与有关部门联合成立的“退伍军人两用人才介绍所”，不仅为广大退伍的两用人才找到了用武之地，而且解除了部队有些干部战士担心有才无处用的忧虑，进一步激发了学习成才的热情。

1984年9月，海军在舟山群岛某地召开“学习科学文化、培养两用人才现场经验交流会”。会议总结推广了东海舰队某支队“发扬海军优势，立足本职成才”的经验，还介绍了空军地空导弹某旅、广州军区某师、驻新疆某边防团、北京军区某团的经验，提出了“普及、坚持、提高”的总方针。各大单位为贯彻这一方针，分别召开了经验交流会和表彰会。舟山会议以后，培养军地两用人才工作在全军进一步开展起来。各部队在实践中逐步摸索出了一些比较切合实际的培训内容和培训方式。干部主要是学习科学文化知识，提高文化素质。除少数人离职学习外，多数人是参加各种形式的业余学习，如广播电视大学函授或国家举办的高等教育自学考试等。战士主要是学习民用技术，如养殖业、种植业、工程建筑、食品加工和生产经营管理等。战士学习民用技术本着以军为主的原则，凡本人所从事的工作，属于军地通用的，如汽车驾驶、军用通信等，主要是在达到本职工作要求的基础上，学习与本职工作有关的民用技术，以专求博；凡本人所从事的工作属于到地方不适用的，如枪、炮手，在保证掌握本职专业技术的前提下，由各单位组织学习一两门民用技术。

培养两用人才的工作在取得很大成绩的同时，也出现了一些新的问题，主要是民用技术训练与军事训练、政治教育在人员、时间、场地、经费等方面的矛盾越来越突出，制约了培养军地两用人才工作的深入发展。为解决这些矛盾，各先进单位都做了有益的探索，创造出了军、政、民、文“一体化教育训练”的经验。

南京军区某师的做法更为系统：（1）把民用技术训练作为新时期教育训练的组成部分，列入教育训练计划，使军、政、民、文教育训练融为一体，在党委统一领导下，统一制定计划，统一安排时间，统一使用经费，统一组织实施，其中用于民用技术训练的时间能够落实 100 个训练日。（2）党委统一领导，司、政、后机关各司其职。司令部门会同政治、后勤部门制定计划，组织实施；政治部门组织协调，掌握信息，实施政治教育、文化学习和有关民用知识的学习，搞好军民共育；后勤部门负责民用技术训练的经费、物资、技术等保障工作，从而使职能部门形成合力。（3）依托军事训练场所、专业分队、生产经营单位等，建立一定数量的比较稳固、比较完备的培训基地和培训点。培训基地普遍有组织领导，有培训计划，有教员队伍，有发证条件，使育才工作有组织和物质保证。（4）坚持以军为主的原则，教育干部战士增强国防观念，首先做保卫祖国的合格战士。为保证这一原则的落实，采取三种办法：一是实行考核升级，军事训练考核合格后才能升入培养两用人才基地或培训点学习民用技术。二是对优秀班长、训练尖子、部队建设的标兵模范实行优先学习热门技术的奖励。三是在训练内容上按军地通用、半通用、不通用三种类型进行安排。军地通用的，要求战士把专业学深学精；半通用的，进行补差训练，既可掌握民用技术，又能提高军事技术水平；不通用的，在完成军事训练任务的前提下，安排学一两门适用的民用技术。

1986 年 5 月，南京军区在金华召开了“军地两用一体化教育训练现场会”（也称第二次金华会议），总参谋部、总政治部、总后勤部的有关领导出席会议。余秋里主任、韩怀智副总参谋长、赵南起副部长在会议讲话中，对南京军区某师的经验给予充分肯定。会后，中央军委于 1986 年 8 月 1 日下发了《印发余秋里、韩怀智、赵南起在南京军区军地一体化教育现场会上的讲话和南京军区党委关于推广步兵某师军地两用一体化教育训练经验的报告》的文件，指出一体化训练是部队教育训练的重要改革，是指导培养两用人才工作经常化、制度化的有效措施，要求全军认真贯彻执行。此后，全军参照该师的经验，普遍实行军、政、民、文一体化教育训练，把培养军地两用人才的工作推进到正规化的高级阶段。

到 20 世纪 80 年代末，全军先后参加民用技术训练的人数多达600万以上，有近300万人经过考评获得相应的证书。培养军地两用人才，促进了干部战士安心服役，调动了他们献身国防事业的热情，提高了执行军事任务的知识和专业技术水平，丰富了干部战士的物质文化生活。经过两用培训的干部、战士转业复员到地方工作后，为国家建设事业做出重大贡献。从1980年到1988年，全国农村退伍军人两用人才中，已有62万人进入乡镇企业，38万人成为厂长、经理，2600人被誉为乡镇企业家，从事种植业或其他各业的专业户34万人。全国以两用人才为主兴办的商品经济联合体达5.5万多个，约占全国此类联合体总数的5%，总产值98亿元，不但实现利税15亿元，还为国家创外汇4.8亿元，扶贫帮困47万人，提供扶贫资金1.3亿元。

为引导培养军地两用人才的工作沿着健康轨道发展，1988年2月，总参谋部、总政治部、总后勤部联合发出《关于进一步做好培养军地两用人才的通知》，9月又转发了南京军区党委《批转军区工作组〈关于培养军地两用人才的调查和改进意见〉的通知》。这两个文件在充分肯定前段工作的同时，强调培养两用人才工作要认真贯彻“以军为主、以干部为重点”的原则，要求各级领导机关把培养军地两用人才作为新的历史条件下加强军队建设的一项重要措施继续抓好，并不断总结经验，进一步推向深入。1989年8月11日，国家民政部与总政治部在厦门市联合召开了全国培养和开发使用军地两用人才福建现场经验交流会。会议表彰了在培养开发使用军地两用人才中做出突出成绩的先进单位和个人。全军根据中央军委领导关于培养军地两用人才“方向要坚持、方法要改进、内容要调整”的指示和厦门会议精神，使培养军地两用人才的工作在改进和调整中继续坚持下来。

培养军地两用人才工作的开展，对加强部队建设具有重要意义。（1）它满足了战士渴望成才的要求，促进战士安心服役，使战士感到“当兵有奔头，退伍有出路”。（2）促进了军事训练和战备工作。开展培养两用人才工作，大大激发了干部战士练兵的积极性。学习文化知识、专业技术，有利于增强军事训练的效果。在对越自卫还击作战中，两用人才利用自己学习的知识和技术，打击敌人，完成任务。（3）促进了部队好学上进的风气。培养两用人才工作的开展，把干部战士的主要精力都吸引到学政治、学军事、学科学文化、学专业技术上，部队好学上进，风气也正了，自觉遵守纪律，服从管理，好人好事日益增多，不良风气日益减少，“兵难带”的问题得到了较好的解决。（4）改善了部队的物质文化生活。许多单位把部队的农场、工厂作为培养两用人才的基地。干部战士把学到的科技知识，直接运用到生产和日常生活中去，既大大提高了生产效益，创造了更多的物质财富，又提高了艺术素养，丰富了部队的文化生活。（5）密切了官兵关系，官兵关系更加融洽了。（6）密切了军政、军民关系。培养军地两用人才为新时期军民关系增添了新的内容。地方为军队培养人才，军队利用学到的民用技术支援地方建设，深入农村、街道、工厂开展技术服务活动，有力地增进了军民之间的友谊。（7）为地方输送了人才，支援了国家建设。退伍返乡的 100 万两用人才，在物质文明建设和精神文明建设中，发挥了重要作用，受到了全国人民的热烈欢迎和社会各界的普遍赞誉。



## 五、初显神威：国防建设走向现代化

◎军队建设以现代化为中心

◎武器装备现代化

◎国防体制现代化

◎国防人才现代化

◎军事思想和军事理论现代化

1984年10月1日，首都国庆35周年集会上举行了盛大的阅兵仪式。大会开始后，中央军委主席邓小平走下天安门城楼，由阅兵总指挥、北京军区司令员秦基伟陪同，乘坐敞篷检阅车检阅了受阅部队。以后，邓小平回到天安门城楼发表讲话，在讲到中国当时的主要任务和对外政策时强调指出：我们必须巩固国防。他要求中国人民解放军全体指战员务必时刻保持警惕，不断提高自己的军事政治素质，努力掌握应付现代化战争的知识和能力。这次盛大的阅兵式，是国庆10周年以后的第一次，是新中国成立以来规模最大、装备最新、机械化程度最高的一次，它标志着中国武装力量现代化建设进入一个新时期。

这个新时期的序幕是20世纪70年代末拉开的。1975年，邓小平担任军队的重要领导工作，针对当时的情况，邓小平明确提出，军队整顿就是整“肿、散、骄、奢、惰”。粉碎“四人帮”不久，邓小平就指出：“四个现代化有个国防现代化!”1979 年 1 月 2 日，国防部长徐向前在军委座谈会上提出：军队要按照中共中央十一届三中全会的决定，进行工作重点转移。军队的工作重点，就是国防现代化。1 月 7 日，总政治部向全军发出了《关于贯彻执行全党工作着重点转移问题的政治工作的意见》，要求全军指战员为建设一支现代化的革命军队而奋斗。1981 年 6 月，中共中央召开十一届六中全会。在这次大会上，邓小平被选为中央军委主席。这以后，邓小平为了把军队建设得更加强大，系统、科学地总结了新中国成立以来人民解放军发展的历史经验，进一步分析了军队的现状，研究了未来战争发展对军队建设的要求，对新的历史条件下军队建设的方向和任务提出了新的设想，加快了国防现代化建设的步伐。

1984 年 8 月 1 日出版的《红旗》杂志发表了时任中央军委常务副主席杨尚昆的长篇文章，题为《建设一支有中国特色的现代化军队》，此文贯穿了邓小平的军事思想。文章指出：新中国成立以来，人民解放军经过 35 年的曲折发展，经过十一届三中全会以来，特别是邓小平主持军委工作以来，拨乱反正，革故鼎新，军队建设开始展现出生机勃勃的新面貌。部队思想政治工作和军事训练更加活跃，军政素质和装备水平有了新的提高，适应现代作战的能力有所增强。诸军兵种举行联合作战演习，发射远程运载火箭和潜艇水下发射运载火箭的成功，对越自卫还击作战的胜利，充分显示了新的历史条件下军队建设的新成果。

文章指出：军队建设要以现代化为中心。建设一支具有中国特色的现代化正规化革命军队，要进行革命化、现代化、正规化的建设，这三化是互相联系，互相促进，缺一不可的，是以现代化建设为中心的。

武器装备现代化是军队现代化的一个重要标志。中国人民解放军虽已从过去的小米加步枪，发展到拥有原子弹、氢弹、导弹等现代武器装备，但从未来反侵略战争的需要来说还有相当差距。国防现代化建设的一个重要的出发点，就是要充分利用世界大战打不起来的有利时机，改善和提高武器装备的水平。

1977年，中央军委制定了《关于加速我军装备现代化的决定》。为满足野战部队从单一兵种向多兵种合成军转变的需要，兵器工业部门制定了兵器发展规划，重点仍以反坦克武器和防空武器为主，实现陆军重型武器向机械化、自行化发展。列入“六五”国家计划的重点项目132项，以后又补充了25项。这些新型武器的战术技术指标，要求达到国际水平。1982年5月，为积极运用最新技术，提高科学研究水平，兵器工业部先后组建了系统工程、计算机应用、光电集成器件、工艺自动化等8个综合性研究所，使兵器科学研究体系进一步完善。在广大科技人员的共同努力下，兵器科技成果逐年增加。到1984年，一批国家重点科研项目相继研制成功。在国庆35周年的阅兵式上，展示了自十一届三中全会以来兵器科研的重大成果，如：79式主战坦克、83式122榴弹炮、83式152自行加榴炮、81式122火箭炮、红箭8反坦克导弹等。这批新型装备，有的属自行研制的第二代装备，有的属于填补空白，在机械化和自行化方面都前进一大步。

1984 年 10 月，兵器工业部召开了新技术革命对策研讨会，探讨技术发展的主攻方向，拟定了指导思想和技术政策方案。以后，中国兵工学会组织 20 多个专业近 700 名专家学者预测了 2000 年中国兵器科学技术发展的前景。1985 年年底，国防科学技术工业委员会组织国防工业部门和各军兵种举行国防科学技术发展战略研究会，审议并补充兵器科学技术发展的目标和对策，要求增强协同作战、快速反应、电子对抗、后勤保障和野战生存能力，以适应未来反侵略战争的需要。这个战略目标也是制定兵器工业“七五”计划和 2000 年规划的基础。

“六五”计划时期，兵器工业共研制成功了 130 种型号的武器，其中多数是新的重型武器。它们的综合战术技术水平有了很大提高，有一些重要成果达到了世界 20 世纪 70 年代水平。

国防体制现代化有两层含义：一是指宏观上的国防建设系统的编制体制；二是指微观上的军队系统的科学编成。

1982 年 12 月通过的第四部《中华人民共和国宪法》，规定设立中华人民共和国中央军事委员会，领导全国的武器力量。这是中国国防体制的一项重要改革。

要把武器和人紧密结合起来，形成战斗力，很重要的一点是军队科学编成。新中国成立后，人民解放军先后组建了空军、海军、炮兵、装甲兵、工程兵以及战略火箭部队等军兵种，但是体制、训练、管理等方面尚未有机地结合起来。

早在 1975 年，邓小平提出了军队“消肿”的任务。后来，军队在精简整编方面做了许多工作。1985 年 6 月，军委作出了减少员额100万的重大决策，在全军范围内有计划、有步骤地改革体制，大军区调整合并，机关精简，县市人民武装部划归地方建制，整个武装力量进行了较大的调整、组合，使之向精兵合成方向迈出了可喜的一步。预备役制度和动员体制也逐渐健全和完善。

邓小平认为，军队现代化建设，关键在人才。培养现代军事人才，最重要的途径就是实现干部队伍的革命化、年轻化、知识化、专业化。1977年8月，邓小平在中央军委座谈会上强调指出："在没有战争的条件下，要把教育训练提高到战略地位。"其后，中央军委成立了教育训练委员会，各军区、各军兵种也相继成立了教育训练领导小组，加强了对教育训练的领导。到1980年前后，在全军范围内出现了新中国成立后的第五次训练高潮。与此同时，对干部制度实行重大改革。1980年12月11日，总参、总政、总后联合印发《关于经过院校培训提拔干部的制度》等文件，指出：为了尽快培养造就一支坚持党的路线、具有现代战争组织指挥才能和专业知识、比较年轻的干部队伍，经中央军委批准，实行经过院校培训提拔干部的制度，未经院校培训不能提拔为干部，指挥干部未经本级培训不能晋升职务。这样，就改变了人民解放军长时间内实行的基层干部直接从士兵中提拔的做法，从1980年年底开始实行招收青年学生和部队优秀战士，经过院校培训考试合格才能提为干部的制度。实行新的招生制度后，人民解放军军官队伍的综合素质逐步提高，从1980年到1989年，军官院校受训率由20%提高到67%，其中排职由14.3%提高到88.5%，作战部队军师班子由 40%提高到 56.7%。

军事思想的现代化是军队现代化的先导。军事思想墨守成规，军队的现代化就寸步难行。邓小平等认为，过去，毛泽东军事思想指引我们战胜了国内外敌人，它的基本观点和原理仍然适用于今天和将来。但是，战争的实践发展了，理论绝不能停止不前，要赢得未来战争，必须有新的军事学术理论作指导。对于毛泽东军事思想，必须坚持在继承中发展，在发展中继承。要根据我国我军的客观实际，根据现代战争的特点，进一步开展对马克思主义军事科学的研究，把毛泽东军事思想发展到一个新的阶段。

1978 年 3 月 15 日，邓小平给军事科学院的题词中号召全军："继承毛泽东军事思想，研究现代条件下的人民战争，发展我国军事科学。"

进入新的历史时期以来，邓小平提出了一系列关于军队建设、国防建设和未来作战的理论、方针和原则，全面地丰富和发展了毛泽东军事思想。例如：科学分析国际战略形势，提出了世界战争可以避免的新论断，指出由于霸权主义的争夺，战争的危险依然存在，但和平力量的增长已经超过了战争力量的增长，只要做好工作，争取较长时期的和平是可能的；提出我军建设要从准备"早打、大打、打核战争"的临战状态，转到和平时期长远建设的轨道上来，领导并完成了军队建设指导思想的战略性转变；确定了军队建设要在国家经济建设大局下行动的原则，提出军队建设要服从经济建设这个中心，经济上去了，国防现代化就有了雄厚的物质基础，军队要在"忍耐"中积极求发展；确立了为建设一支强大的现代化、正规化革命军队而奋斗的新时期军队建设总方针，指出革命化、现代化、正规化互相联系，互相促进，要以现代化为中心，全面加强军队建设，提高部队的战斗力，在现有的国力下积极改善武器装备，但也不要迷信技术决定一切；今后还是要实行人民战争，并结合新的条件加以发展；还是要以弱胜强，用劣势装备打败优势装备的敌人；等等。

军队建设进入新的历史时期以来，党中央和中央军委坚持毛泽东军事思想的指导地位，创造性地运用毛泽东军事思想，制定了国防建设、军队建设一系列重大的方针原则。全军在各条战线上创造了大量的新鲜经验，对新时期的建军与作战问题得出了许多规律性的新认识，20世纪80年代至90年代颁布实行的一系列重要决定、条令、制度，正是这些经验和认识的集中体现。邓小平军事思想成为邓小平理论的重要组成部分。

# 第六章

# 围绕香港回归的“智斗”

1984年12月19日，全世界的目光聚焦北京。下午5时30分，《中华人民共和国政府和大不列颠及北爱尔兰联合王国政府关于香港问题的联合声明》（以下简称《中英联合声明》）正式签字仪式在人民大会堂西厅举行。国内主要媒体的记者记录下了这一激动人心的历史瞬间：签字大厅里一片庄重的气氛。铺着墨绿色绒布的长桌中央插着中英两国国旗。中华人民共和国总理和英国首相在长桌本国国旗一侧入座，用中国的台式英雄金笔，代表本国政府在联合声明上签字。

在15分钟的签字仪式过程中，100多名国内外记者忙个不停，用摄像机、照相机、录音机和纸笔记录下了这一具有重大历史意义的一刻。

550万香港市民、10亿中国人和全球无数双眼睛，从卫星转播的电视屏幕上，观看到了中英关系发展史上这闪光的一页。蒙在“东方明珠”上的尘垢，终于被洗刷干净。掌声从海内外每一个有中国人的地方响起来……

## 一、艰难的谈判

◎历史性的会谈

◎中英初次交锋

◎从谈判桌到街头：第二阶段会谈的曲折发展

中英两国关于香港问题的外交谈判整整持续了两年，分为秘密磋商（1982年9月至1983年6月）和正式谈判（1983年7月至1984年9月）两个阶段，其中每一个阶段都充满着曲折和艰辛，而又以1984年的进程为甚。[①]

1982年9月24日，邓小平在北京人民大会堂会见了英国首相撒切尔夫人。会见中，被西方传媒称为“铁娘子”的撒切尔夫人态度非常强硬。她强调香港的繁荣有赖于英国的管治，并且危言耸听地声称：如果现在对英国的管理实行或宣布重大改变，将对香港产生灾难性的影响。在重申了一番“三个条约有效论”之后，她强烈表示：不能单方面废除这些条约。如果中国同意英国1997年之后继续管治香港，英国可以考虑中国提出的主权要求。针对撒切尔夫人的谈话，邓小平针锋相对地指出：“主权问题不是一个可以讨论的问题。现在时机已经成熟了，应该明确肯定：1997年中国将收回香港。”“中国要收回的不仅仅是新界，而且包括香港岛、九龙。中国和英国就是在这个前提下来进行谈判，商讨解决香港问题的方式和办法。”说到此，邓小平语气坚定地表示：

> 如果中国在1997年，也就是中华人民共和国成立48年后还不把香港收回，任何一个中国领导人和政府都不能向中国人民交代，甚至也不能向世界人民交代。如果不收回，就意味着中国政府是晚清政府，中国领导人是李鸿

① 参见周南《中英香港问题谈判亲历记》，《改革开放口述史》，中国人民大学出版社2014年版，第238～256页。

章！我们等待了33年，再加上15年，就是48年，我们是在人民充分信赖的基础上才能如此长期等待的。如果15年后还不收回，人民就没有理由信任我们，任何中国政府都应该下野，自动退出政治舞台，没有别的选择。[①]

会谈结束后，神思恍惚的撒切尔夫人在步出人民大会堂，下最后一级台阶时不慎跌倒，香港和英国报刊在当日发表的报道中一语双关地说“撒切尔夫人在同邓小平会谈时摔了跤”。撒切尔夫人在后来发表的回忆录中谈到此次访华曾参观了颐和园时写道：“我感到这个名称（指‘颐和’二字）绝不能用以描述我这次远东之行。”但撒切尔夫人并没有被邓小平说服，她依然认为中国人对资本主义的法律和政治了解得太少，觉得“需要慢慢地、彻底地开导他们”。

因此，无论是在北京（9月24日）和香港（9月26日）举行的记者招待会上，还是单独接受英国广播公司记者采访时，撒切尔夫人仍一再宣扬“三个条约有效论”，声称：“英国是根据过去签订的条约管治香港的，这些条约是有效的”；“它们是符合国际法的”；“我们遵守这些条约，除非我们同意其他条约”；“如果一个国家不遵守某个条约，那么它不会遵守其他条约”。她还在香港的一次谈话中说：“我向你们保证，在进行那些会谈时，我将不但代表英国，而且将本着英国对香港500万人负有道义上的责任和义务而讲话。”

① 《邓小平文选》第三卷，人民出版社1993年版，第12～13页。

港英当局和负责香港事务的英国政府官员紧跟撒切尔夫人，频频向中方施加影响。港府财政司夏鼎基、民政司黎敦义、律政司祁理士等先后发表演说或撰写文章，颂扬香港政制乃“繁荣之所系”。他们证明只有维护香港现行政治架构和行政体系，才能保持香港的繁荣和稳定，暗示“港人治港”不可行。历代港督都力避香港民众议论政治，麦理浩任港督期间称“一切自有妥善安排”，要求公众不要过多谈论香港前途；但尤德于1982年5月接任后却大力鼓动市民表达“维持现状”“英人治港”的“意愿”；行政、立法两局非官守议员也被邀请赴伦敦访问，“对英国的建设做贡献”。1982年12月，负责香港事务的英国外交部次官鲍斯达访港时公开主张，“让香港作为一方参与谈判，发挥独立作用”；他把香港的前途比作“三脚凳”，认为“其稳定性依赖于英国、中国政府和香港”。1982年香港经济不景气，股市暴跌，港汇下降，资金人才大量外流。当时香港及英国的部分舆论将其归因于“九七问题的困扰”及“香港前景不明朗”。香港各界人士纷纷到北京陈情告急。英方和香港的一些人，借此向中方施加压力，企图迫使中国政府改变收回香港的立场。

面对这一局面，中国政府毫不动摇，针锋相对，坚决予以反击。9月30日，中国外交部新闻司发言人答记者问时指出：“香港是中国领土的一部分。过去英国政府同中国清政府签订的有关香港地区的条约是不平等条约，中国人民从来是不接受的。中华人民共和国政府的一贯立场是不受这些条约的约束，在时机成熟的时候收回整个香港地区。”10月1日，新华社发表题为《我们对香港问题的严正立场》的评论员文章，指出“撒切尔夫人关于‘三个条约有效论’的谈话是中国人绝对不能接受的”。“我们必须指出，涉及香港地区的这些条约，都是19世纪英帝国主义推行‘炮舰政策’，侵略中国的产物，都是强加在中国人民头上的不平等条约，也是英帝国主义掠夺中国的铁证。中国人民一贯认为这些条约是非法的、无效的。”文章指出：“过去和今天的英国人民，对于一个世纪前的大英帝国的侵略行为是不负任何责任的。如果今天有人还要坚持这些不平等条约，只能引起中国人民、英国人民和全世界人民对英帝国主义侵华历史的回忆。”“香港是事关十亿人民（包括香港的中国居民）的国家主权和民族利益的大事，只有中华人民共和国政府才有权说对香港的中国居民负有一个主权国家的责任。”

撒切尔夫人大概没有料到，“三个条约有效论”也激起了香港市民的强烈反感。在撒切尔夫人抵港的当天，便有数名学生举着标语牌前往启德机场抗议；香港理工学院、浸会学院和香港中文大学学生会也先后发表声明，指出三个不平等条约应予废除，收回香港是中国人民的神圣职责：“历史的不幸造成今天香港受英国的统治。我们绝不能再让中华民族的尊严受损。”有些主张维持现状的团体和个人态度也有了转变，赞成中国政府恢复对香港行使主权并由“港人治港”。

连英国的一些舆论也不同意撒切尔夫人的上述说法。10月9日的《新政治家》周刊评论指出：“必须正视的现实是，香港完全是已经过时的殖民时期遗留下来的时代错误。”“在一个98%都是中国人的社会里，英国没有合法的政治权利去保持白厅对它实行直接的盎格鲁一撒克逊族统治的门面。”“如果中国打算重建它的合法的统治地位，那么，任何英国政府都将无能为力。”“为了香港居民的最大利益而举行老实坦率的谈判，以便把香港的主权平静地归还中国，是唯一切实的香港政策。”10月27日，英国广播公司一位评论员在时事电视节目中指出，撒切尔夫人认为平等条约有效，是“缺乏历史常识”。伦敦大学威廉·贝斯利教授在时事节目中发表谈话说，强调三个条约像国际法一样有效，“是不会赢得朋友的，也是没有说服力的”。

自1982年10月5日至1983年6月底，中国外交部副部长章文晋（1983年7月起由姚广继任）与英国驻华大使柯利达多次举行会谈，磋商有关谈判的原则和程序问题。这是两国政府间第一阶段的会谈。

在第一阶段的会谈中，英方企图维持香港的现状不变，先希望通过会议达成续约、托管之类的协议，继续统治香港30年至50年；如果中方不接受，则退而求其次，即承认中国对香港拥有主权，以换取中国同意英国对香港的继续管理权，也就是以“主权”换“治权”。而中国方面则坚持收回整个香港地区的原则，同时充分考虑香港的实际情况并注意照顾英国的利益，争取英国在解决香港问题上同中国合作，达成一个符合中国立场和方针政策的解决办法。

在10月5日双方第一次会晤时，英方首先谈了他们对会谈的设想，强调会谈应以双方领导人达成的维持香港的繁荣和稳定的共同目的为指导原则。中方表示，我们是在中国对香港恢复行使主权的前提下谈香港的繁荣与稳定的。会谈应首先确定这个前提。就这样，在此后的四次会谈中，英方强调以繁荣稳定为共同目标，中方强调以恢复行使香港主权为前提，各说各的，至 1983 年 3 月，磋商毫无进展。

英方还在谈判桌外，通过各种方式向中方施加压力。同时，撒切尔夫人在 1983 年 1 月强硬地提出，谈判如无进展，就要对香港前途问题实行全民公决，或者在短时期内让香港独立或实行自治。

中方排除英方的干扰，按照既定部署，有条不紊地积极进行收回香港的准备工作。1982 年 12 月，全国人大五届五次会议通过了新修订的《中华人民共和国宪法》，其中第三十一条规定："国家在必要时得设立特别行政区。在特别行政区内实行的制度按照具体情况由全国人民代表大会以法律规定。"这一条为政府收回香港后设立特别行政区并实行不同于内地的制度提供了法律依据。1983 年 4 月，中央原则批准了对香港的 12 条基本方针政策，将其作为下一阶段的谈判基础或在必要时自行予以公布。

英方发现中方不惧压力，并且获悉中国关于香港前途的建议有可能提交预定于 1983 年 6 月召开的六届人大一次会议审议通过，深恐陷于被动，遂于 1983 年 3 月 10 日由英国首相撒切尔夫人致函中国政府总理，建议中英双方举行实质性会谈。撒切尔夫人在信中表示：只要英国政府和中国政府之间能够就香港的行政管理安排达成协议，而这些安排能保证香港今后的繁荣和稳定，又能既为中国政府，也为英国议会和香港人民所接受，我就准备向议会建议，使整个香港的主权回归中国。

这封信充满机巧，但敏锐的邓小平却很清楚地读出了对手立场的微妙变化，并以自己的灵活姿态积极回应，适时地给了英方一个下台阶的机会，同意与英方代表举行正式谈判，从而打破僵局，解开主权问题上的死结。

邓小平作为把原则的坚定性与政策的灵活性相统一的大师，在任何时候都能把两者有机地结合在一起。这次也不例外。在6月下旬会见出席全国人大、全国政协两会的港澳人士时，他有过一番精辟的阐释：我们考虑到若要英方在承认中国对香港主权的先决条件下进行谈判，英方会认为“有失面子”，因此，“要给英国人下台阶”。如果先谈“1997年后”怎么办的问题，就可避开主权问题的障碍；这个问题谈好了，主权问题也就没什么可谈的了。在这次谈话中，邓小平对谈判方式及目标再次予以强调：中英谈判时间不能拖得太久。拖久了对信心不利。新界租约不予延长。我们决不步清廷后尘，决不做李鸿章第二！邓小平的这些策略，成为中英谈判过程中中方的主要策略。中英两国的谈判进程基本上以此设计展开。

经过数次会晤，中英双方商定了日后会谈的级别、代表团组成及会谈时间和方式。这年6月底，中英双方达成如下协议：“双方同意在会谈过程中，与香港未来有关的各项问题均应讨论。特别是中国总理和英国首相信中提到的所有问题。这些问题包括：1997年后为维持香港的稳定和繁荣而作的安排，从现在到1997年期间香港的安排和有关主权移交的事项。讨论按此顺序进行。双方同意对这一议程应予保密。”上述协议由双方通过换文予以确认。

经过主权问题上的一场苦斗，中英关于香港前途问题的谈判终于突破僵局，真正要坐下来好好谈一谈了。



就在双方达成谈判协议之后，英方却又搞起了“三脚凳”的把戏。7月7日，港督尤德自伦敦返港召开记者招待会声称，他将以港督身份代表香港市民参加谈判。尤德的这种说法，表明英方试图在中英两国政府的会谈中硬塞入一个所谓代表香港民意的第三方，企图打着香港民意的招牌向中国政府施加压力。中方识破了英方是在玩弄“三脚凳”的花样，次日即予以驳斥。中国外交部发言人指出：“中英关于香港问题的会谈是中英两国政府之间的双边会谈。尤德先生是作为英国政府代表团的一个成员参加会谈的，因此他在会谈中只代表英国政府。”港英见状不妙，急忙发表声明，承认尤德“当然将作为英国代表团的成员参加会谈”。此后，英方还试图通过其他方式继续搞“三脚凳”把戏，但为中方所识破，未能得逞。

1983年7月12日至13日，中英两国政府代表团的第一次正式会谈，在北京台基厂头条三号举行。会谈的时间和地点本来是保密的，但来京采访中英会谈的大批香港记者，一早就守候在英国驻华使馆门口，一看到使馆的车队开出大门，便搭乘出租车穷追不舍。为了不致被甩掉，竟不惜出高价要司机闯红灯。会谈地点终于被记者发现。

在第一轮会谈及此后的第二轮（7月25—26日）、第三轮（8月2—3日）会谈中，英方反复列举香港繁荣的各种因素来论证“香港必须同英国联系，而不能同中国联系”。“为保持香港的繁荣，就必须继续保持英国在香港的管理作用，并使社会主义的大陆同资本主义的香港隔离和绝缘”。并开出“在承认中国对香港的主权的原则下，由英国继续大体上像过去那样管治香港”的要价，强调保持英国的管治、英国的法律和自由生活方式是保持香港繁荣和维系信心的保证。英方的立场一言以蔽之，就是以“主权换治权”。

中方首席代表姚广重申了中国政府对香港问题的一贯立场和解决香港问题的方针：香港自古是中国的领土，中国不承认与香港有关的三个不平等条约，决定 1997 年对香港恢复行使主权，是指包括恢复行使行政管理权（即治权）在内的完整主权，而不是只收回一个架空的名义上的主权；主权、治权相分离的真正目的是否定中国的主权，延长英国在香港的管治，用一个新的不平等条约代替旧的不平等条约，这是中国政府和人民绝不能接受的。中国对香港的基本方针政策能够保持香港的繁荣和增强港人的信心，1997 年以后英国政府既不必也无权参与对香港的管治。收回香港和保持繁荣是一个完整的目标，二者统一不可分；中国不接受任何以主权换治权的想法，如英方坚持，将使谈判陷入僵局；如出现这种情况，中国政府将在一两年内公布对香港的方针政策。

会谈后发表的新闻公报，第一次会谈用的措辞是“双方进行了有益的和建设性的会谈”。由于会谈陷入僵持状态，公报的调子逐渐下降。第二次会谈，只用了“双方进行了两天有益的会谈”，而没有再用“建设性的”字眼。第三次会谈的公报，既未用“建设性的”，也未用“有益的”，只说“进行了进一步的会谈”。

英方见谈判桌上未占上风，遂将争议引向会场之外。

港英政府唆使香港亲英舆论发表谬论，声称要在香港和中国大陆之间筑起一座防洪坝，有的说，要在两地之间筑起一道墙，并安上一把防盗锁，让钥匙紧紧地握在香港人手中。

撒切尔夫人表示“没有理由在谈判初期便承认英国对香港的管治不会继续下去”，要“用尽手上的每一张牌，去达至最大的效果”。于是，英方又利用当时香港经济及人心动荡的局势，大打“经济牌”，试图迫使中方就范。9 月 23 日，撒切尔夫人在接受美国记者采访时宣称，“香港由于前途不明，正面临着重大的金融和政治动荡”；吹嘘英方谈判是为香港人的利益，未从香港拿走一便士。“如果不是香港地位特殊和有个新界租约……那它若干年前就已经独立了，就成为另一个新加坡了。”

9 月 28 日，英国外交及联邦事务国务大臣卢斯在香港发表谈话说，“对完成谈判设置期限不是建设性的”；“如果失败而找不到顺利的解决办法”，香港就会出现“骚动”“冲击”和“风暴”。这一时期，港元汇率及股市急速下跌，港英政府不仅未采取任何措施干预，港府财政司还对外宣称“除非北京方面对香港政治前途的中英谈判进展作出积极的姿态，否则港元仍会继续受到压力”，公开对中方施压。

至 9 月 24 日（周六），港币与美元的兑换率由原来的 7：1 跌为 9.5：1。一时间人心惶惶，大批香港市民拥往银行排长队挤兑美元，商场出现抢购大米、食油等日用品的现象。香港报纸将这一天称为“黑色星期六”。

## 二、中国政府不是晚清政府

◎针锋相对的原则立场

◎缠斗不休的细节安排

◎峰回路转的结局

20 世纪 80 年代的中国不再是 19 世纪末的清王朝。面对英方的种种压力，中国政府在谈判会场内外均予以坚决回击。1983 年 9 月 10 日，邓小平在北京会见英国前首相希思，向英方严正指出：想用主权来换治权是行不通的。他希望不要出现到 1984 年 9 月中国不得不单方面公布解决香港问题方针政策的局面。邓小平告诫说：“在香港问题上，我希望撒切尔首相和她的政府采取明智的态度，不要把路走绝了。”9 月 27 日，刚刚接任国务院港澳办公室主任的国务委员姬鹏飞在接见香港客人时宣布，中国政府一定要在 1997 年 7 月 1 日收回香港，绝不允许香港独立。

在中方发起的强大舆论攻势下，英方加紧研究退却的方案。9 月 26 日，撒切尔夫人宣布任命即将任满的驻华大使柯利达为首相外事特别顾问兼负责香港事务的外交部次官。10 月初，撒切尔夫人接受了柯利达和杰弗里·豪的建议，在中国建议的基础上探讨香港的永久性安排。10 月中旬，英国与港英当局又不得不出面干预汇市，宣布实行港币对美元的联系汇率制度，平息了一场金融危机。

经过8月、9月的风波以后，中英关于香港问题的谈判开始出现转机。10月8日，英国驻华使馆通知外交部西欧司：柯利达大使将于13日自伦敦抵京，希望尽快约见姚广副部长，有“重要信息”传递。14日上午，刚从伦敦返任的柯利达就约见姚广，转达英国首相撒切尔夫人就中英香港问题谈判给中国领导人的口信。撒切尔夫人在口信中表示：如果在中国提出的建议基础上“能够商定确保香港的稳定与繁荣的安排，英国政府准备向议会上交一项载明这些安排的双边协定，并尽最大努力促使这些安排的实行和贯彻”。柯利达表示，英国非常希望中方认识到英方在首相的口信中提出的步骤的重要性。它清楚地表明：英国极其盼望双方的会谈能以建设性和合作的方式取得进展，以维持香港的稳定和繁荣。

在此后的第五轮（10月19—20日）和第六轮（11月14—15日）会谈中，英方未再坚持以1997年后继续管治香港为先决条件，中方代表对此表示欢迎。但中方要求英方澄清英方所说，1997年之后英国在香港发挥“作用”、英国同香港“联系”的含义，并重申中国不接受任何形式的共管。

不久，柯利达奉命向中方进一步澄清英方立场，表示“英方不打算就英国和香港的联系提出任何与1997年时整个香港的主权和管治权都应该归还中国这一前提相冲突的建议；确认双方如能达成新的安排，英国将不再坚持英国管治，也不谋求1997年后同香港的任何“权力联系”，即“英国政府不谋求在香港的任何形式的共管”。

在撒切尔夫人的口信和英方首席代表对英方立场作了进一步阐述之后，中英会谈的主要障碍已基本排除。从第七轮会谈起，会谈的主要议题是 1997 年以后的安排及过渡时期的有关事宜。至此，谈判进入实质性阶段。

从第八轮（1984 年 1 月 25—26 日）会谈起，中英双方首席代表已经双双易人。中方由外交部部长助理周南（后升任外交部副部长）接替姚广。英方原首席代表、驻华大使柯利达任期届满回国（他后来以英首相外交政策顾问的身份，继续处理有关中英谈判的问题），新任驻华大使伊文思任首席代表。

中方曾对当时中英会谈的形势作了如下估计：英国在香港归属和主权的问题上僵持了一年多以后，之所以最终放弃幻想，决定更弦易辙，同意以中方方案为谈判的基础，这是由于中国坚持收回香港的原则立场，而中国政府提出的基本政策照顾到了各方面的利益，合情合理，大得人心；同时在中国改革开放、对外影响日益增大的形势下，英国寻求不到国际上的支持，而英资集团又急于在中国市场上谋一有利地位，英方迫于形势，不得不作出让步。

但是，英方并非心甘情愿。它可能接过中方方案，在“高度自治”“港人治港”等方面大做文章，尽量改变其内涵，争取保持英国在香港的最大利益和影响。甚至企图使香港在 1997 年后脱离中国中央人民政府的领导，实际上成为某种独立或半独立的“政治实体”，以便英国继续控制。因此，谈判的实质仍然是围绕主权和治权问题的斗争，只是表现的形式与以前有所不同而已。

正如中方所料，英方在讨论中通过提交工作文件的方式，提出种种与中国主权原则相冲突的建议和与其承诺相违背的主张。例如：在公务员制度方面，中方提出，特区行政长官、主要官员应由特区永久性居民中的中国公民担任，英籍和其他外籍人士可以担任顾问或政府部门中主要官员以外的职务。英方则建议，持有香港身份证的海外官员可以担任“公务员系统中直至最高层官员”的职务。由英人出任“敏感性部门”的关键性职务如律政司、按察司、警务司、铨叙司等，并聘任英人出任类似行政顾问的职务，赋予加签香港条例及行政命令的权力。英方还危言耸听地为其建议辩护说，如果海外官员只能担任顾问或主要官员以外的职务，“将危及香港的信心”。又如，在宪制安排和政府结构方面，英方无视中国政府对香港的12条方针政策中提出的由中央人民政府负责管理香港特区的外交事务与防务的规定，一再以“最大程度的自治”来修改中方主张的“高度自治”的内涵，反对香港特别行政区直辖于中央人民政府。再如，中方提议，英国可参照成例，在香港特别行政区设立总领事馆，但英方要求在香港派驻性质不同于其他国家驻港总领事的“英国专员”代表机构，试图将未来香港特区变成一个英联邦成员或准成员。

对于英方的“建议”，中国代表团的对策是，凡是符合或基本上符合主权原则的，就予以肯定或基本肯定；凡是违背主权原则的，就坚决驳回；凡是属于应由未来香港特别行政区决定或必须在达成协议后在过渡期中由中英双方继续探讨解决的问题，先挂起来或只作原则的规定，留待以后解决。

在这一基础上，中英双方就一些细节问题进行了讨论。

关于会谈期限，中方早已明言在先。中国政府认为，解决香港问题本是中国主权范围之内的事务，同英国通过谈判解决香港问题，并不意味着在主权问题上有什么讨价还价的余地，只要双方都抱有诚意和采取合作的态度，问题不难解决；如果英方错误估计形势，迟迟不谈实质性问题，中国当然不能长期等待，无谓浪费时间，因此，在中英两国会谈之初，中方就明确向对方提出了会谈的最后期限。在第八轮会谈中，中方针对英方不久前指责中方“给会谈定最后期限是无益的”的谬论，重申了中国政府的立场，表示希望在 7 月份草签，9 月份以前达成协议，由双方发表联合声明。

关于协议的内容、形式及性质问题。中英通过谈判确定，中国收回香港，这一点在协议中必须有明确的表述。英方不接受中方对香港恢复行使主权的提法，先后提出的草案都具有三个不平等条约有效的含意，中方坚决不接受。英方要求协议尽可能详尽明确而且具有法律约束力，以便向英国议会交代，并使香港居民放心；英方协议草案还把“12 条”和基本法，作为须经英方同意的双边协议的内容看待。中方表示，1997 年后的香港安排属于中国内政，“12 条”已对此作出了原则规定，具体细节应由中国政府与香港人民协商解决；与英国经济利益无直接关系的问题，中方无须与英方讨论。英方协议草案从整体上看是中方根本不能接受的，更不能作为双方协议的基础。关于协议形式，中方提议采用 20 世纪 70 年代初中美联合公报的模式，发表“平行性声明”，即先由双方宣布已达成的共同目标，然后由各方宣布各自的意向，使两种立场在协议中并列；“12条”性质上属中国内政，应由中国单独宣布，不应列入与英国的协议之中，而且联合声明从广义上说也是国际法律的一种形式，同样具有法律约束力。英方则认为协议可以采取“积木式”，即由主体文件与若干附件组成；双方达成协议的所有具体问题都应包括在协议中，有关细节可列入附件，两者同时公布，且同具约束力。

1984年4月15日至18日，英国外交大臣杰弗里·豪应邀访问中国，与中国领导人就一些重大问题进行讨论，并达成如下谅解：关于谈判期限，双方同意1984年9月草签，年底正式签署协议文本。关于过渡时期事务，中方同意从1984年到1997年的13年，香港仍由英国管治；英方承诺从1984年到1997年的13年间英国政府“负责绝对以目前的方式去管治香港”，继续维持其稳定与繁荣，“使1997年时的转变，尽可能带来最少的干扰”，届时英方不会把一个“烂摊子”交回中国。关于中英协议的内容与形式问题，双方各自阐述了自己的观点，同意由两国谈判代表继续就各自提出的协议草案进行讨论。杰弗里·豪的北京之行，在使双方达成所希望的协议方面“进一步取得了进展”。

1984年4月20日，杰弗里·豪在香港发表了一份声明。声明中说：“要达成一项使香港在1997年以后仍然由英国管治的协议是不切实际的设想。”“英国的方针是与中国政府研究怎样可以达成会确保香港在1997年以后，在中国主权下得到高度自治权，同时会使香港的生活方式和现行制度得以维持不变的安排。”这是英国官方第一次在公开场合宣布英国将于 1997 年把香港交还中国。至此，中英谈判的第一项议程基本结束，从 1984 年 4 月至 9 月（第 13 轮至第 22 轮会谈），会谈进入第二项和第三项议程，即讨论过渡时期的安排和有关政权移交事宜。就在中英双方加紧进行务实性谈判的时候，香港政坛却掀起了一阵阵波澜。首先是香港行政、立法两局中有人炮制了一个动议，在事先经港督尤德认可后，由立法局首席非官守议员罗保在立法局提出并获得通过。该动议声称：“任何有关香港前途之建议，在未达成最后协议之前，必须在本局辩论。”罗保动议的实质，是试图将一直以来仅具香港政府咨询机构职能的香港立法局变成一个所谓的权力机构，并凌驾于中英两国政府之上，这又是港英策动的“三脚凳”把戏。接着，香港行政局、立法局的全体非官守议员发表了一项关于香港前途问题的声明。当晚，香港行政局和立法局的主要成员携带声明前往伦敦，打算抢在英国下议院对香港问题进行辩论之前，向英国政府和议会“反映和表述港人的意见和愿望”。“声明”宣称：“一般香港人对于与英国的联系即将撤除，觉得非常失望”。“声明”还说中国会“单方面不顾协议”，恳求英方不应“冒险去签订协议”；认为中国政府“或会从现在起便干预香港的行政”，英国应“有责任坚持在未来 13 年有效地控制局势”。“声明”还要求英国在香港应“坚持在九七年后仍然保留若干程度的地位”。一个月以后，香港行政局和立法局的三个主要成员又带着一份“备忘录”赴北京“陈情”。

中国政府对英国和港英政府重谈“三脚凳”老调作出了强烈的反应。中方代表约见英方代表，并在随后的中英会谈中重申中国的立场：香港问题的解决，是中英两国政府之间的事情。中方过去没有，今后也不会同意任何搞“三脚凳”的企图和做法。

与此同时，在六届人大二次会议上，国务院主要领导人在《政府工作报告》中提出了“一个国家，两种制度”的方针和1997年恢复行使主权后对香港采取的一系列特殊政策的主要内容，获得了大会的批准。5月25日，邓小平在会见出席“两会”的港澳地区的全国人大代表和政协委员时强调，对1997年后的安排，中国的政策已经是最大的让步，最大的合情合理。6月23日，邓小平会见香港行政局和立法局的3名主要成员时，当着大批香港记者的面对他们说：我们的立场不会是完全一样的。你们前不久有伦敦之行，情况我们也是了解的。有话可以讲，但我要说，中华人民共和国解决香港问题的立场，以及为此而制定的方针政策是坚定不移的。不管这个立场和方针政策有多少人理解，我们相信它是符合500万香港人的利益的。

邓小平一针见血地指出：“要相信香港的中国人能治理好香港。不相信中国人有能力管好香港，这是老殖民主义遗留下来的思想状态。”①

邓小平还进一步批评了“香港的繁荣依赖于英国的管治”

① 《邓小平文选》第三卷，人民出版社1993年版，第60页。

的论调，他说："香港人是能治理好香港的，要有这个自信心。香港过去的繁荣，主要是以中国人为主体的香港人干出来的。中国人的智力不比外国人差。中国人不是低能的，不要总以为只有外国人才干得好。要相信我们中国人自己是能干得好的。所谓香港人没有信心，这不是香港人的真正意见。"①

邓小平说："我们采取'一个国家，两种制度'的办法解决香港问题，不是一时的感情冲动，也不是玩弄手法，完全是从实际出发的，是充分照顾到香港的历史和现实情况的……如果现在还有人谈信心问题，对中华人民共和国、对中国政府没有信任感，那么，其他一切都谈不上了。我们相信香港人能治理好香港，不能继续让外国人统治，否则香港人也是决不会答应的。"②

邓小平还在这次会见中谈到了"港人治港"的标准和"爱国者"的含义。邓小平指出："港人治港有个界限和标准，就是必须由以爱国者为主体的港人来治理香港。未来香港特区政府的主要成分是爱国者，当然也要容纳别的人，还可以聘请外国人当顾问。什么叫爱国者？爱国者的标准是，尊重自己民族，诚心诚意拥护祖国恢复行使对香港的主权，不损害香港的繁荣和稳定。只要具备这些条件，不管他们相信资本主义，还是相信封建主义，甚至相信奴隶主义，都是爱国者。我们不要求他们都赞成中国的社会主义制度，只要求他们爱祖国，爱香港。"③

---

① 《邓小平文选》第三卷，人民出版社 1993 年版，第 60 页。
② 《邓小平文选》第三卷，人民出版社 1993 年版，第 60 页。
③ 《邓小平文选》第三卷，人民出版社 1993 年版，第 61 页。

这一时期在中英会谈中遇到的最困难的问题是在香港设立中英联合机构问题。有关在香港设立常设性中英联合机构的建议是中方于 1984 年 2 月间向英方提出来的，该机构的任务是协调中英协议的执行，商谈有关实现政权顺利移交的具体措施，监察过渡时期事务。中方表示，过渡期仍由英国管治，中国不加干预；联合机构不是权力机构，只起协商咨询作用。邓小平在 4 月 18 日会见杰弗里·豪时指出，在过渡时期内有很多事情要做，没有一个机构怎么行？小组可设在香港而轮流在香港、北京和伦敦开会。但英方一开始即对设立该机构表示反对，并怀疑其性质、功能。英方担心联合机构会成为一个权力机构，并变成“第二权力中心”，从而影响英国在 1997 年 6 月 30 日以前对香港实行有效管治。虽然杰弗里·豪表示愿意在邓小平提出的建议基础上进行讨论，但在此后数月之中，英方坚持己见，谈判毫无进展。7 月 27 日至 31 日，杰弗里·豪再次来京进行工作访问。中方表示，如英方同意设立联合小组并以香港为常设地，该小组进驻香港的时间以及 1997 年后是否继续存在一段时间都可以商量。最后双方商定：设立中英联合联络小组；该小组是联络机构而不是权力机构，它的职责是就中英联合声明的实施进行磋商，讨论政权交接有关事宜，就双方商定事项交换情况并进行磋商；该小组于 1988 年 7 月 1 日进驻香港，到 2000 年 1 月 1 日撤销。

这样，中英会谈的最后一个障碍终于排除。

在杰弗里·豪此次访华之行中，两国外长还就中英协议的主体文件问题达成了一致意见。双方经反复磋商后议定：协议采用“联合声明”的形式，内容包括中英两国政府所发表的互有关联的声明。关于中国收回香港、恢复行使主权问题，双方同意在协议中必须有明确的表述，但英方不接受中方关于英国侵占香港和19世纪所签那三个条约是不平等条约的提法；中方对英方提出的具有三个不平等条约有效含义的草案，也表示坚决不能接受。最后双方避开了与香港现状有关的令人不快的历史问题，略去有争议的文句，以各自表述的方式分别写入双方的主张，即中国政府声明：“中华人民共和国政府决定于1997年7月1日对香港恢复行使主权。”英国政府声明：“联合王国政府于1997年7月1日将香港交还给中华人民共和国。”关于中国对香港的基本方针政策即“12条”，由中方作出声明，列入主体文件；中华人民共和国全国人民代表大会将依据上述基本方针政策和本联合声明附件一对上述基本方针的具体说明，制定香港特别行政区基本法，在50年内不变。

这样，中英双方关于香港问题的会谈基本达成了一致意见。7月31日，邓小平会见了即将于当日离京的杰弗里·豪。邓小平向杰弗里·豪表示祝贺后说：“我很有信心，‘一个国家，两种制度’是能够行得通的。”在这次谈话中，邓小平向杰弗里·豪表示，希望香港在过渡时期不要出现以下五种情况：“第一，希望不要出现动摇港币地位的情况。港币发行量究竟多少？港币信誉好是因为储备金雄厚，多于发行量，不能改变这种状态。第二，我们同意可以批出1997年后50年内的土地契约，而且同意港英政府可以动用这种卖地收入，但希望用于香港的基本建设和土地开发，而不是用作行政开支。第三，希望港英政府不要随意增加人员和薪金、退休金金额，那将会增加将来特别行政区政府的负担。第四，希望港英政府不要在过渡时期中自搞一套班子，将来强加于香港特别行政区政府。第五，希望港英政府劝说有关方面的人不要让英资带头转走资金。”①

邓小平强调说：“我们希望过渡时期不出现问题，但必须准备可能会出现一些不以我们意志为转移的问题。”后来的事实证明，邓小平所担心的这些问题，不幸大部分都在香港发生了。

## 三、我们要在香港驻军

◎严正的主张

◎艰苦的谈判

◎公理终必高扬

香港回归祖国后，中央政府派不派驻军队？这是原则问题。在这个问题上中方立场坚定，排除了任何阻止中国驻军的企图。

在中英第七轮会谈后，双方都提出了后来引起长期争论的中国政府是否在未来香港驻军的问题。中方代表提出，1997年既然收回香港，就必须驻军，因为这是国防的需要。但是，英方代表在谈判中多次提出中国不要去驻军。理由是：中国驻

① 《邓小平文选》第三卷，人民出版社 1993 年版，第 67～68 页。

军问题敏感。人民解放军一到香港，港人就会惶惶不安，就会出现“灾难性后果”。中方代表问，你们英国可以驻军，为什么我们收回香港后作为主权国不能去驻军？英方代表辩解说，这不一样。英国伦敦离香港很远，临时调兵很困难。你们离香港很近，驻军驻到深圳那边去嘛！后来英方又退一步说，你们有驻军权我承认，但平时不要来驻，只有在产生外来威胁情况下再去，没有外来侵略威胁不要去。有了外来侵略威胁要驻军，也要事先同特区政府磋商，特区政府可以否决。这实际上是要对中国进行种种限制。

在中英第八次会谈中，英方代表又一次表示：“中国派驻军队，对香港的信心和国际上对特区自治的信心产生的后果，将是非常严重的。”

后来，英方在提交给中方的《关于防务与治安的工作文件》中，虽然在前面的“中方建议”一项，引述了中国的政策：“国防由中央人民政府负责。驻扎在特别行政区内的任何武装力量将不干涉特区的内部事务；其军费由中央人民政府负担。特区的社会治安由特区政府负责。”但英方所提出的主张，却与上面引述的话恰恰相反，要求中央人民政府“明确表示，在正常情况下其武装力量将不驻扎在特别行政区”。还提出，香港要在原来的警察之外，再建立一支“内部治安部队”。英方代表在中英第九次会谈（1984 年 2 月 22 日至 23 日）中对这份“工作文件”作说明时，除了重复过去说的“对中国有权驻军不持异议，但如驻军将影响信心”之外，还说，只有在“特区的完整受到外来侵略危害的临时和非常特殊的情况”下，

“中国才有驻军的实际需要”。并且说，“在这种情况下，任何这样的行动，都将与特区政府磋商”。

针对英方的“工作文件”和英方代表的说明，中方代表重申，中国有权在香港驻军。在香港驻军，是行使主权的体现和标志。英方的主张是中国绝对不能接受的。中方代表说明，驻军不干预特区内部事务，驻军的具体做法和方式也会根据实际情况妥善处理。此外，中方也不同意英方提出的再建立一支“内部治安部队”的主张（在以后的磋商中，中方只同意适当扩大现有警察的人数）。

1984 年 4 月，当英国外交大臣杰弗里·豪访京期间再次向中国领导人提出驻军问题时，中方领导人向他重申了必须在香港驻军的立场。邓小平在会见杰弗里·豪时表示：1997 年后，我们派一支小部队去香港，这不仅象征中国收回了主权，更大的好处是对香港来说是一个稳定的因素。

5 月 2 日，香港《明报》以显著位置刊登了该报记者发自北京的一篇报道，说北京一位负责人对记者表示，九七后中国不会在香港驻军。邓小平看到上述报道后非常恼火。5 月 25 日上午，他在人民大会堂会见港澳地区的全国人大代表和政协委员。在东大厅会场，港澳代表与邓小平合影留念，记者拍照三分钟后本来可以退场，但邓小平突然当着大批香港记者的面说：你们别走，我有话，你们要宣传出去。正式代表中央政府对香港问题发言的有我、总理等。具体代表中国政府发言的机构是国务院港澳办公室，主任是姬鹏飞；另一个是外交部，吴学谦是部长。除此之外，所有发言都无效。有人说中国将来不要在香港驻军，这是胡说八道！这不是中央的意见。英国外交大臣在跟我谈的时候也承认，中国政府既然收回香港，就有权在香港驻军，这是维护中华人民共和国领土的象征，是国家主权的象征，也是香港稳定和繁荣的保证。既然香港是中国领土，为什么不能驻军？连这权力都没有，还算什么中国领土！

邓小平严厉辟谣，旨在批评英方对中国在香港驻军的再三干扰。记者退场之后，邓小平又继续温和地同参加会见的港澳代表谈起如何认识驻军问题，他说，驻军是象征性的，是维护中国主权的象征。港人治港是最广泛的自治了，除了驻军之外，几乎没有什么象征了，驻军人数不必太多。

第二天，香港报纸以显著位置报道了邓小平的上述讲话。

也在第二天的下午，伊文思跑到中国外交部去，神色紧张地对周南说，听说昨天邓小平在人民大会堂为驻军问题发了脾气，我们很惊讶。英政府在读了有关邓小平讲话的报道后，对报道中的一些问题感到关切。现政府命转达以下几点：一、据报道，邓小平说中国派军队去香港的作用是维持法律和秩序，防止出现动乱。这同中方过去向英方保证的治安由特区负责相矛盾。二、英外交大臣访京时并不像报道说的只是“顺便提到”驻军问题，而是“非常强烈地”指出驻军会产生严重后果。三、英政府虽然承认，作为主权国家，中国有权驻军，但对驻军产生后果的观点并未改变。英政府希望中国政府认真考虑其目前的立场是否最有利于维持香港的稳定和繁荣。

周南回答说，你有什么惊讶的！我们在谈判中一直在讲要驻军。这件事我们已经决定，不要另外打算盘。中方在香港驻军问题上的立场是十分明确和坚定的。中方早在会谈中就曾指出："1997年后我们要派一支小部队去香港。这不仅象征中国收回了主权，更大的好处是对香港来说是一个稳定的因素。"要求中国不在香港驻军，实际上是否定中国的主权。这样的主张，任何主权国家都不能接受。至于中国如何在香港驻军以及派多少驻军的问题，只能由中国自行决定，任何外人均不容置喙。说中国行使其驻军权，就会给香港带来"严重后果"，是根本站不住脚的。

周南强调，邓小平的讲话同中方关于九七后香港内部治安由特区政府负责的立场毫无矛盾和抵触之处。邓小平的谈话中并没有讲中国驻军将代替特区未来政府维持内部治安，而是说，中国在香港驻军"是国家主权的象征，也是香港稳定和繁荣的保证"。

中方1997年后在香港驻军的坚决立场，迫使英国最后只好作出让步。

## 四、《中英联合声明》的签订

◎联合声明协议的最终达成

◎香港过渡期的开始

◎历史性的文件：《中英联合声明》

◎百年国耻，一朝得雪

1984年7月下旬英国外交大臣杰弗里·豪访问北京后，中英双方已就解决香港问题基本达成一致意见。此后，中英双方沿着9月达成协议的预定目标，通过两国外长交换信件、双方代表团的最后三轮会谈和代表团团长会晤，通过工作小组和后来成立的临时小组，继续就国籍、土地契约和民航等几个政策性和技术性都比较复杂的具体问题，以及一些尚未取得一致意见的问题进行讨论。

关于国籍问题。双方立场不同，但又有共同之处。这些共同之处是：第一，1997年以后任何香港居民不得再有所谓“英国属土公民”护照的身份；第二，中方允许香港居民在1997年以后继续持有英国签发的除“英国属土公民”以外的旅行证件去国外旅游和经商；三、上述持有英国旅行证件的香港居民在香港特区和中国其他地区不得享受英国的领事保护。因此，双方同意用互换“备忘录”的方式解决。

关于公务员制度问题。英方接受了中方关于外籍人员不能担任主要官员的意见，但坚持写入整体保留公务员制度的意见。中方后来建议改为“公务员制度除有关外籍人员享有特殊待遇的规定外，予以保留”，英方最后表示可以接受。

关于防务与治安问题。双方经磋商后同意在附件中写明，香港社会治安由香港特别行政区政府负责维持；中华人民共和国中央人民政府派驻香港特别行政区负责防务的部队，不干预香港特别行政区的内部事务，驻军费用由中央人民政府负担。

关于民航问题。香港航空权缘由英国直接控制；香港启德机场在法律上被视为英国的一个国内机场；英国政府代表香港签署航空运输协议，以香港的飞机着陆权交换英国飞机飞越或降落他国的权利。同时，在香港航空业的经营方面，英资集团也居垄断地位。1997 年以后，英国上述特权将自动消失。中方为保持香港作为国际和区域航空中心的地位，同意香港特别行政区继续沿用原在香港实行的民用航空公司管理制度；承认日前在香港注册并以香港为主要营业地的航空公司可继续营业，并承诺中央人民政府具体授权，香港特别行政区可以续签或修改现有的民航协定。这样实际上就照顾了已在香港注册并以香港为主要基地的英资航空公司的利益。

在中英双方举行的最后一轮正式会谈即第 22 轮（9 月 5—6 日）会谈中，双方对联合声明的文本逐段逐句进行了讨论和磋商，并商定了三个附件的标题，即：附件一：《中华人民共和国政府对香港的基本方针政策的具体说明》；附件二：《关于中英联合联络小组》；附件三：《关于土地契约》。

9 月 18 日，中英双方就全部问题达成协议。按照程序，下一步就是协议的签订了。

1984 年 9 月 26 日上午 10 时，中英联合声明草签仪式在北京人民大会堂西大厅举行。出席草签仪式的有国务委员兼国务院港澳办公室主任姬鹏飞、副主任李后、秘书长鲁平、外交部副部长姚广、香港总督尤德和参加会谈的双方代表团的全体成员。中方代表团团长周南和英方代表团团长、英驻华大使伊文思分别在联合声明和三个附件上草签，并发表了简短讲话。至此，为期两年的中英两国政府关于香港问题的谈判圆满结束。

当天下午 5 时，两国政府在北京、伦敦和香港同时公布了中英联合声明及其附件。同日，英国政府在载有两国协议的《白皮书》中承认：不论中英两国政府是否有任何协议，根据

1898年协约的条文规定，在1997年7月1日，新界地区必须归还给中国。香港的其余地区（香港岛、九龙和昂船洲）将缺乏独立存在的条件。自从1898年以来，香港和新界已成了一个整体地区，而英国政府也认为绝不可能把在1997年7月1日便要归还给中国的新界地区和其余地区分开。因此，目前的选择就是在一项双方同意而有法律约束力的国际协议下，把香港归还给中国，或是在没有这种协议的情况下，把香港归还给中国。这并不是英国政府设法强使香港人接受的选择，而是一项历史事实遗留给香港人的选择。

《白皮书》表示：英国政府认为这份协议是一份好的协议，极力推荐给香港人和英国议会接受。

1984年12月19日是忙碌的一天。上午10时，中国政府在人民大会堂东门外广场为专程来京参加签字仪式的英国首相撒切尔夫人举行了隆重的欢迎仪式；欢迎仪式结束后，邓小平、胡耀邦等分别同撒切尔夫人举行会谈；下午5时30分，举行中英联合声明的正式签字仪式；晚上7时，为撒切尔夫人一行举行盛大的国宴。

在撒切尔夫人此次历史性的访华行程中，最关键的一场活动是与邓小平的会见。当谈到《中英联合声明》时，邓小平高兴地说："我们两国的领导人就香港问题达成协议，为各自的国家和人民做了一件非常有意义的事情。香港问题已经有近一个半世纪的历史，这个问题不解决，在我们两国和两国人民之间总是存在着阴影。现在这个阴影消除了，我们两国之间的合作和两国人民之间的友好前景一片光明。"

撒切尔夫人完全赞同邓小平这一评价。她说，回顾我两年多以前初次在这里同您见面以来，我们已经取得了多么大的成就。当她告诉邓小平，英中会谈成功的奥秘就是他提出的“一国两制”构想时，邓小平回答说：“如果‘一国两制’的构想是一个对国际上有意义的想法的话，那要归功于马克思主义的辩证唯物主义和历史唯物主义，用毛泽东主席的话来讲就是实事求是。”① 其实，在外交辞令的后面还有许多，周南在回忆这一段历史的时候指出：后来邓小平讲，中英为什么能达成协议，首先是因为我们国家是一个有实力的国家。撒切尔夫人在她的回忆录《唐宁街岁月》中写道：“协议并不是，也不可能是我们的胜利，因为我们是同一个不肯让步，而且在实力上又远远超过我们的大国打交道。”其次，就是我们的“一国两制”思想对头。因为回归无非是两种方式，和平的方式和非和平的方式。“一国两制”可以采取和平的方式，有关各方比较容易接受，当然也不可避免地充满了斗争。②

邓小平还谈到了“一国两制”政策为什么要保持50年不变的问题。他指出：“这也是从中国的实际出发的。中国现在制定了一个宏伟的目标，就是国民生产总值在两个十年内，即到本世纪末翻两番，达到小康水平。就是达到了这个目标，中国也不算富，还不是一个发达国家……中国要真正发达起来，接近而不是说超过发达国家，那还需要30年到50年的时间。

---

① 《邓小平文选》第三卷，人民出版社1993年版，第101页。

② 周南：《中英香港问题谈判亲历记》，《改革开放口述史》，中国人民大学出版社2014年版，第255页。

如果说在本世纪内我们需要实行开放政策，那么在下个世纪的前50年内中国要接近发达国家的水平，也不能离开这个政策，离开了这个政策不行。保持香港的繁荣稳定是符合中国的切身利益的。所以我们讲‘50年’，不是随随便便、感情冲动而讲的，是考虑到中国的现实和发展的需要。”①

针对有些人担心中国在签署《中英联合声明》后是否能始终如一地执行协议的问题，邓小平语气坚定地表示：“我们不仅要告诉阁下和在座的英国朋友，也要告诉全世界的人：中国是信守自己的诺言的。”②

1985年2月7日，英国国会下议院经过辩论三读通过《香港法案》。该法案规定，从1997年7月1日起，英国对香港的主权和治权即告结束。3月28日，英国上议院三读通过该法案。4月7日，伊丽莎白女王在该法案上签字，该项法案正式生效。

同年5月27日，中国外交部副部长周南、英国驻华大使伊文思各自代表本国政府在北京交换了《中英联合声明》及其三个附件（三个附件依次是《中华人民共和国政府对香港的基本方针政策的具体说明》《关于中英联合联络小组》《关于土地契约》）的批准书，并签署了互换批准书的证书。《中英联合声明》正式生效。这年秋天，中英两国常驻联合国代表一道将《中英联合声明》递交主管法律事务的联合国副秘书长，完成了在联合国登记的法律手续。从此，《中英联合声明》成为一项国际公认的法律文献。

① 《邓小平文选》第三卷，人民出版社1993年版，第101页。
② 《邓小平文选》第三卷，人民出版社1993年版，第102页。

随着《中英联合声明》的正式生效，香港从此进入了过渡时期。

这份历尽艰辛才得以成形的《中英联合声明》，除序言外，正文共八条，主要内容包括：

（一）规定香港政权交接的时间。第一、二条采用中英两国政府分别声明的方式，规定：中华人民共和国政府于1997年7月1日对香港恢复行使主权，英国政府于同日将香港交还给中华人民共和国。

（二）宣布中国政府对香港的基本方针政策。在第三条中，规定了中华人民共和国对香港恢复行使主权后将实行的基本方针政策，共12条。主要包括：根据《中华人民共和国宪法》第三十条的规定，设立直辖于中央人民政府的香港特别行政区；除外交和国防事务属中央人民政府管理外，香港特别行政区享有高度的自治权，包括行政管理权、立法权、独立的司法权和终审权；现行的法律基本不变；香港特别行政区政府由当地人组成；行政长官在当地通过选举或协商产生，由中央人民政府任命；香港的现行社会、经济制度不变，生活方式不变；香港特别行政区将保持其自由港、独立关税地区和国际金融中心的地位，并保持财政独立；香港特别行政区可以“中国香港”的名义单独地同各国、各地区及有关国际组织保持和发展经济、文化关系；英国和其他国家在香港的经济利益将得到照顾；香港特别行政区的社会治安由香港特别行政区政府负责维持；中国政府的上述方针政策以及本联合声明附件一所作的具体说明，将由全国人民代表大会以香港特别行政区基本法加以规定，并在 50 年内保持不变。

（三）确定过渡期。第四条规定，两国政府联合声明，自本联合声明生效之日起至 1997 年 6 月 30 日止为过渡时期；在过渡期内，英国政府负责香港的行政管理，中国政府给予合作。

（四）成立中英联合联络小组。在第五条中，两国政府联合声明，为求本联合声明得以有效执行，并保证 1997 年政权的顺利交接，在本联合声明生效时成立中英联合联络小组。

附件一《中华人民共和国政府对香港的基本方针政策的具体说明》（以下简称《具体说明》），是对主体文件第三条规定的中国政府对香港的 12 条基本方针政策的具体说明，共 14 节：（1）香港特别行政区的法律地位、政治体制和政府结构；（2）法律；（3）司法制度；（4）公务人员；（5）财政税收制度；（6）经济制度与对外经济关系；（7）货币与金融制度；（8）航运；（9）民航；（10）文化和教育；（11）涉外事务；（12）防务与社会治安；（13）居民权利和自由；（14）居民身份、旅行证件及出入境。这 14 节的内涵可以从四个方面简要概括：第一，明确规定香港回归中国后的区域性质。《具体说明》表明，中国恢复行使主权后的香港，是一个地方行政区域。香港特别行政区与中央人民政府的关系是地方与中央的关系。第二，"港人治港"，高度自治。《具体说明》明确表示，香港特别行政区将实行港人治港的原则，享有高度自治权。第三，制度不变。《具体说明》指出，香港现行的社会、经济制度不变，生活方式不变，法律基本不变。第四，英国和其他国家在香港的经济利益将得到照顾和保护。

由此可见，附件一是中国政府所作的国际承诺，其全部内容将纳入未来的香港特别行政区基本法条文内，在 1997 年中国政府对香港恢复行使主权后作为国内法付诸实施。因此，香港特别行政区基本法的内容必须符合《中英联合声明》中所载中国对香港的基本方针政策和联合声明附件一的规定。

附件二《关于中英联合联络小组》，对该小组的性质、存在时间和职责作了明确规定。附件二规定，自联合声明生效时，中英双方组成联合联络小组，工作至 2000 年 1 月 1 日为止。该小组是联络机构而非权力机构，不参与香港或香港特别行政区的行政管理，也不对之起监督作用。其职责为：就《中英联合声明》的实施进行磋商；讨论与 1997 年政权顺利交接有关的事宜；就双方商定的事项交换情况并进行磋商。

附件三《关于土地契约》，是基于香港地区大部分土地契约至 1997 年 6 月底将期满的情况，两国政府代表团商定的处理香港土地问题的具体办法，作为附件列在《中英联合声明》之后。《中英联合声明》第六条规定："关于香港土地契约和其他有关事项，将根据本联合声明的附件三的规定处理。"在附件三中双方商定：已由港英政府批出的 1997 年 6 月 30 日以前满期的土地契约，可以续期到 2047 年 6 月 30 日，不补地价。香港特别行政区成立以前，港英政府可以批出租期不超过 2047 年 6 月 30 日的新的土地契约，但每年批出的新的土地，限于 50 公顷。所得地价净收入由港英政府和日后的香港特区政府平分。全部所得必须用于香港土地开发和公共工程，不得另作他用。本协定生效时，双方在香港成立土地委员会，负责处理相关事宜。该委员会将工作至1997年6月30日。

香港问题的圆满解决，得到了国际舆论的广泛赞扬和支持。

英国《泰晤士报》发表社论，对《中英联合声明》的正式签署表示热烈欢迎。

美国纽约《中报》发表社论指出，《中英联合声明》的签署，代表了殖民主义时代的结束。中国能够在今天收回香港，是中国人一百多年来奋斗的结果。

日本《读卖新闻》驻北京记者认为：确定把香港——因鸦片战争而割让以及被租借的地方归还中国，可以说是洗刷了中华民族的“污点”。

《美洲华侨日报》评论认为：中国终于洗雪了国耻，凡我华胄均应感到兴奋与自豪。

葡萄牙舆论界很自然地将香港问题的解决与澳门问题联系起来。该国《新闻日报》发表文章称，《中英联合声明》“对中国、英国和葡萄牙都具有特殊的历史意义和政治意义”。文章说：“一切表明，中国人将采取一种类似的程序在澳门接管权力。至少关于过渡问题他们将这样做。众所周知，葡萄牙在澳门的存在是有名无实和象征性的。”

在中英两国正式签署联合声明后的第二天，即12月20日，时任澳门总督的高斯达将军奉命发表谈话说：“澳门不能如目前一样长期存在下去。葡萄牙是基于与中国的合作和友谊，才在澳门担负起管理的责任，并无物质利益。我们是从历史的和文化的联系上，才接受了这一责任。”澳督还在谈话中表示："澳门问题随时都可以解决，只要双方认为时机成熟。葡萄牙政府在澳门问题上绝不会表现出固执态度。"

《中英联合声明》公布后的几天中，香港股市交易活跃，恒生指数连续几日攀当年最高峰。各大中文报纸纷纷发表社论，欢呼《中英联合声明》的正式签署。

香港发行量最大的《东方日报》发表通栏标题称："一国两制"的构想归功于马克思主义，邓小平称坚守诺言，愿向英首相及全世界保证。《财经日报》的标题则是：中英签约香港前途圆满解决，英首相保证未来13年继续有效管理香港。《成报》报道说："《中英联合声明》签署大功告成，中英双方叫好，完成具有历史意义大事值得高兴，为香港长期繁荣提供坚实基础。"《天天日报》报道说："香港主权重归中国，炎黄子孙难忘此日。"《明报》社评指出："我们有充分理由相信，任何人都认为《联合声明》签字是成功、光荣、满意、喜悦的一件事。"

香港舆论界还对《中英联合声明》的意义给予了高度的评价。正如《中报》在题为《百年国耻，一朝得雪》的社论中指出的："一百多年来中国人民身受不平等条约的屈辱，将从此洗刷干净；帝国主义欺凌中国的最后痕迹，也将随着中英香港问题协议的签订而告消除。"

# 第七章

## 活跃在世界舞台上的中国

当 1984 年 12 月 19 日世界各国记者云集北京，将各种照相机、摄像机的大小镜头对准出席中英关于香港问题联合声明签字仪式的中国领导人的时候，他们留在国内的编辑们突然发现，对于这些中国领导人，根本无须加上任何说明性文字；对于这些中国人的音容笑貌、言谈举止，他们和他们的观众读者都是太熟悉不过的了。因为就在此前不久，几乎所有的中国领导人都曾频频出现在他们国家的电视屏幕和报刊上。

这些编辑们突然意识到，1984 年对于他们来说，是一个被动性走近中国的年头，是中国人走到他们面前并充分展示自身风采的年头……

## 一、和平与发展是当今世界的两大主题

◎新的战略判断

◎实现战略目标的手段

◎正义的呼声：中国关于建立世界新秩序的主张

1984 年的中国外交政策不事声张地开始了重大的调整，对国际形势的判断也正经历着重大的转变。和平与发展正日益成为广大中国百姓喜闻乐道的话题。中国改革开放的总设计师邓小平在这一年高瞻远瞩地提出，和平与发展是当今世界最具

根本性的两大问题。从此，维护世界的和平与稳定，寻求一个和平的国际发展环境成为中国外交政策的基本方针，中国因而以更积极、更活跃的形象出现在世界舞台上。从这个意义上讲，这是中国对外战略的重大改变，是对当前国际形势及其发展趋势的新的战略判断。

按照邓小平的阐述，维护和平与繁荣经济，是当代各国人民普遍关心的两件大事，两者是密切相关的。和平的国际环境是各国谋求发展必不可少的条件；而开展国际经济技术交流，促进各国的经济繁荣，对维护世界的和平与稳定和加强各国人民的友谊，又将是有力的推动力。而这样一个战略判断的形成，从一个极其重要的方面说明中国已经意识到国际生活的主题逐渐发生了转换，即由过去的战争与革命演变为和平与发展。

从更长远的发展来看，这样一个战略性判断的形成根源于对第二次世界大战以来国际形势变化的总体发展趋势的分析。第二次世界大战彻底摧毁了德、意、日的法西斯政权，世界民主化进程进一步加快。应当说，法西斯主义是帝国主义时期垄断资产阶级所信奉的一种极端反动的沙文主义思潮，所实行的一种极端残暴的公开恐怖统治，因而是危害世界和平的重要因素。而大战的胜利，是以彻底摧毁德、意、日法西斯政权，处死了主要战争罪犯为标志的。然而，残酷的战争深深地教育了世界人民，世界大战再也打不得。人们渴望着第二次世界大战能够成为最后一次世界战争。正是第二次世界大战的教训，奠定了世界范围内广泛开展的和平运动的基础。战后以来，全世界各种政治力量和各国人民日益在反对战争、维护和平的旗帜下联合起来，开始了前所未有的全球性争取和平的不懈努力，对防止世界大战的爆发起了重要作用。



大战也使英、法等国的实力遭到极大削弱。正是英、法的削弱和德、意的败降，使得欧洲资本主义列强决定世界事务的历史宣告结束。与此同时，美国在战争期间经济军事实力却急剧膨胀，成为资本主义世界最强大的国家。西方资本主义国家之间这种实力对比方面的悬殊，客观上限制了它们之间的战争。后来，虽然发达资本主义各国的实力对比发生了变化，西欧日本经济有很大的发展，实力增强，但是彼此间相互依存又加深了，世界经济的国际化得到了空前发展。尽管资本主义经济政治发展不平衡依然存在并在加剧，但是在战后，这种发展不平衡所引起的矛盾和斗争，已无须用战争的手段来解决，而主要诉诸和平的方法。其矛盾也不主要表现在军事领域，而是集中表现在政治和经济领域。各国都在经济领域展开激烈的竞争，以谋求各自的更大发展。

第一个社会主义国家苏联在战争中经受了考验，变得更加强大，享有很高的国际威望。随着欧亚一批人民民主国家的建立及其走上社会主义道路，更壮大了社会主义力量。社会主义国家作为一支举足轻重的力量登上国际舞台，必然对世界政治、经济和国际关系的发展产生深刻的影响。尽管苏联后来走上了霸权主义的道路，但在其他国家的制约下，也不得不在以实力求权力方面有所收敛。

反法西斯战争的胜利，给被压迫民族的解放事业开辟了更加现实的道路。战后，广大殖民地半殖民地国家摆脱了殖民统治，纷纷赢得民族独立，帝国主义的殖民体系最终崩溃瓦解。由此，一方面，广大殖民地半殖民地国家拥有了自己的国家主权，使帝国主义国家瓜分世界大大受到限制，因瓜分不均而发动世界战争的可能性在减少。正是这些国家成了反帝反霸、维护世界和平的主力军。另一方面，广大的殖民地半殖民地人民在摆脱了殖民统治，赢得民族独立之后，民族革命的任务已基本结束，首要的就是要争取和平的国际环境，谋求和实现发展民族经济，并以经济独立来巩固政治独立，以经济实力来保障和维护世界和平。

更值得注意的是，科学技术革命的成果对国际社会的发展具有十分巨大的影响。一方面，由于核武器的出现，特别是美国和苏联在战后的核军备竞赛以及由此而造成的核恐怖均衡，客观上也制约了战争的爆发；另一方面，电子计算机、航空航天技术等新兴学科的发展标志着生产力发展的新水平，为人类的发展开辟了新的前景。

和平与发展是当今世界的两大主题，还因为在人类社会面临的诸多全球性的重大问题中，和平问题与发展问题是最具有战略意义、对整个人类的生存与发展影响最大的两个根本性的问题。

维护和平是促进发展的基本前提。只有维护世界和平，才能为世界经济发展创造一个良好的国际环境。和平与繁荣、战乱与贫困从来就是一个问题的两个方面。如果没有和平、安宁的国际环境，世界战火四起、遍地狼烟，任何一个国家都无法进行建设和实现繁荣。特别是战后以来，随着科学技术、世界经济的日益发展，世界经济的国际化趋势深入到各个国家和各个领域，相互依存更加加强，世界经济只有在世界各国的互利合作的基础上才能够得到健康稳定的发展。而一旦爆发世界战争，那么各国之间的这种紧密的经济联系就会被割断，经济的相互协作关系就会受到严重的阻碍，世界经济也就不可能得到很好的发展。不仅全球战争如此，甚至局部战争也会对世界经济的发展产生非常不利的影响。

人类的繁荣和发展是建立在世界各国的繁荣和发展基础上的，只有当世界各国都实现了繁荣和发展，整个人类才能实现真正的繁荣和发展，这就需要世界各国集中精力，一心一意搞建设。但是，在世界和平得不到保障的情况下，各国是很难做到这一点的。而一旦战争爆发，有关国家的国内建设的正常秩序就会不可避免地被破坏，各国制定的发展战略以及中长期的发展计划就会被打乱，它们将不得不把主要精力和中心任务转移到战争轨道上。因此，只有维护世界和平，才能保证将有限的人力、物力和财力用于社会经济的发展上来。在当今世界，一方面，各类国家都面临着社会经济发展的艰巨任务，特别是广大发展中国家都面临着严重的经济困难，人力、物力和财力都十分不足；另一方面，大国军备竞赛每日都在消耗巨量的社会财富，造成了社会资源的极大浪费，使有限的资源更加短缺，而广大发展中国家不得不为应付内乱外祸而支付巨额的物质代价，世界各国社会经济发展也会受到了战争威胁和战乱冲突的严重阻碍。

世界的繁荣和发展是和平的有力保障。和平是发展的基本前提，没有和平就没有发展。同样，世界和平的维护也有赖于世界的繁荣和发展，没有发展也不可能有真正的和平。世界经济的持续发展，是制约战争的有利因素。战后以来，世界和平局面之所以能够维持，这是同世界经济的发展以及由此而产生的世界经济国际化和多极化的趋势紧密相关的。世界经济的发展，使经济生活国际化的趋势进一步加强，世界各国之间的联系日益紧密，相互间的交流更为广泛，各国经济被联结为一个有机的整体，相互依赖，相互促进，彼此间存在着越来越多的共同利益。世界经济的发展也带来了世界经济多极化的发展，超级大国在经济上的垄断地位日趋削弱，实力不断下降，而其他多种力量则在迅速增长，国际上各种政治力量间的经济差距正在逐步缩小。这对超级大国的争夺和世界战争的爆发产生着有力的制约作用。世界经济的发展，南北关系的改善，有助于消除世界的不稳定因素，减少军事冲突的诱发因素。除了超级大国的争夺和插手之外，大规模的贫困、饥荒所造成的社会动荡也是引起战争的重要因素。南北矛盾的加剧，特别是发达国家向发展中国家转嫁经济危机所引起的经济恶化和政治动乱，往往是发展中国家内部和发展中国家之间爆发战争的诱发因素。而世界经济的发展，特别是发展中国家的经济发展，是消除这一隐患的主要途径。

第三世界国家经济上的发展和强大，是维护世界和平的根本保证。世界和平能否维护，归根到底取决于第三世界发展的程度如何。如果广大的第三世界国家依旧处于贫困和落后的状态，和平就没有基础和保证，安宁的国际环境终将受到破坏。因此，第三世界的经济发展，不仅是一个经济问题，而且也是一个关系到世界能否和平稳定的政治问题。不仅如此，第三世界作为维护世界和平的主力军，它的发展，就是世界和平力量增长的重要因素，它的强大就是维护世界和平的可靠保证。而第三世界在社会发展过程中，围绕改善南北关系、争取建立国际经济新秩序的斗争，其本身就是在经济领域里进行的反帝、反殖、反霸的斗争，这一斗争对于削弱超级大国的力量，限制超级大国在世界范围内的争夺具有十分重要的作用。中国属于第三世界，是维护世界和平的坚定力量。中国的发展就是和平力量的发展，制约战争力量的发展。目前，包括中国在内的广大第三世界国家，在经济上仍然比较落后，因此必须采取措施，大力促进第三世界国家的发展，壮大第三世界的力量。只有这样，才能够为维护世界和平提供可靠的保障。

邓小平关于和平与发展问题的战略性判断，还包括对于实现和平与发展的战略性手段的考虑。这首先涉及发展和壮大世界和平力量，动员世界上一切进步力量以防止世界战争的爆发，维护世界和平与安全。历史的经验已经证实，这是维护世界和平的一条重要途径。第二次世界大战以来，世界大战之所以一直没有爆发，使整个世界维持了 40 多年的总体和平的局面，主要是由于世界和平力量的日益壮大，全世界和平力量的增长超过了战争力量的增长。全世界人民反对战争、要求和平的坚定信念和强大力量，迫使超级大国不得不作出一些谋求和平的姿态，促进了制约战争因素的发展。

同时，和平解决国际争端也是防止世界战争的爆发、维护世界和平的一条重要途径。和平解决争端的原则最早是由1899年海牙会议通过的《和平解决国际争端公约》（海牙第一公约）提出的。战后通过对德意日首要战犯的审判和《联合国宪章》的制定，和平解决国际争端的原则得以完全确立。随后，这一原则在许多重要的国际文件中得到确认。实践证明，战争不是解决矛盾和争端的最佳办法，而以政治方式和平解决国际争端，则可以化干戈为玉帛，真正求得矛盾、冲突的合理、妥善的解决，建立和维护相互间的和平共处的友好关系。现在，以政治方式和平解决国际争端已经受到越来越多的国家的重视。

加强南南合作，促进第三世界的发展是实现世界和平和发展的根本出路之一。南南合作是发展中国家之间的经济技术合作，是战后发展中国家在争取建立国际新秩序的斗争中发展起来的一种新型的经济合作关系。早在1955年万隆会议上，发展中国家就提出了在平等互利的基础上加强经济技术合作的主张，20世纪60年代以后南南合作有了迅速发展。1974年5月，发展中国家在《建立国际经济新秩序的行动纲领》中，充分肯定了发展中国家之间的集体自力更生在建立国际经济新秩序中的作用，使加强南南合作成为改变国际经济旧秩序斗争的重要组成部分。几十年来，在广大发展中国家的共同努力下，南南合作取得了重要进展。发展中国家在合作中建立了各种区域、次区域和跨区域的经济合作组织，合作规模不断扩大，内容日益丰富。虽然双边形式的合作仍是重点，但多边形式的合作也在迅速发展，特别是在区域经济组织内部，原料生产与出口、贸易、金融和技术等方面的合作，都取得了引人注目的成果。南南合作对当今世界经济的发展具有重要意义。

推动南北对话，改善南北关系，缩短南北差距，是谋求世界共同发展的重要途径。南北对话是发展中国家与发达国家围绕改革不平等的国际经济关系，加强南北双方的经济合作等问题进行谈判和斗争的重要形式。早在20世纪60年代，发展中国家曾同发达国家就普遍优惠制问题进行谈判，并于1968年联合国第二届贸发会议上达成初步协议，从1971年以后开始执行。20世纪70年代以后，随着石油斗争的出现和资本主义经济危机的加深，一些发达国家开始意识到南北问题的重要性，表现出对南北对话的热情。1974年7月，欧共体同非洲、加勒比海、太平洋地区46个发展中国家举行了部长级会议，并在1975年2月签订了第一个《洛美协定》。

上述所有这些正面意义的途径还必须辅之以另一个方面的防御性措施，这就是反对霸权主义和强权政治，切实裁减军备，用和平方式解决各种争端，维护国际和平环境，谋求人类社会的共同发展和繁荣。这是因为军备竞赛和局部战争，一方面破坏了经济发展所必需的国际和平环境，另一方面又是对经济发展的直接破坏。因此，在新形势下，反对强权政治和霸权主义，切实裁减军备，用和平方式解决各种争端，维护国际和平环境，就显得更加重要，成为谋求人类社会共同发展和繁荣的一条重要途径。

不合理的国际经济旧秩序是第三世界国家经济落后、社会贫困的症结所在，是南北矛盾的核心。因此，只有改变不合理的国际经济旧秩序，建立公正、合理、平等、互利的国际经济新秩序，才有可能使发展中国家的经济发展比较顺利地进行，从而推动整个世界经济的发展。但是，改革不合理的国际经济旧秩序，真正建立起公正、合理、平等、互利的国际经济新秩序，这是一个长期的过程。虽然早在20世纪五六十年代许多发展中国家就提出了建立新的国际经济秩序，并一直为此进行不懈的斗争。然而，迄今为止，改革不合理的国际旧秩序的斗争仍未取得实质性进展，不合理的国际旧秩序依然严重地阻碍着广大发展中国家的发展。当前，广大第三世界国家必须在继续坚持建立国际经济新秩序斗争的同时，把建立国际经济新秩序的长远目标同当前面临的紧迫问题正确地、紧密地结合起来。发展中国家要通过对当前这些紧迫问题的解决，来促进自身的发展，并推动国际经济新秩序的最终建立。

正是根据上述新的战略性判断和对实现战略性目标的手段的分析，中国进一步提出了建立国际新秩序的主张。中国坚定不移的对外政策是反对霸权主义，维护世界和平。

现在需要建立国际经济新秩序，也需要建立国际政治新秩序。过去的国际政治是霸权主义、是集团政治。集团政治本身就不平等。经得起考验、能够维持和平的是和平共处五项原则。五项原则能够为不同制度的国家服务，能够为发展程度不同的国家服务，能够为左邻右舍服务。近年来，中国领导人在与几十个国家的领导人的交往中探讨了建立国际新秩序问题。中国关于建立国际新秩序的主张，得到了第三世界国家的领导人甚至某些西欧国家领导人广泛的支持、赞同和理解。中国政府主张建立和平、稳定、公正、合理的国际新秩序。这里说的“和平”是指维护世界和平，反对在国际关系中使用武力；“稳定”指保障各国的安全，制止军备竞赛，实现有效裁军；“公正、合理”，指在经济上根本改善南北关系，缩小南北差距，建立公平合理、互利合作的国际经济新秩序。

与这样一种总体设想相配合，中国专门就国际经济新秩序的问题提出了自己的主张，主要包括：各国有权选择符合本国国情的社会制度、经济模式和发展道路；各国有权对本国资源及其开发实行有效控制；各国都有权参与处理国际经济事务；各发达国家应尊重和照顾发展中国家的利益和需要，在提供援助时不应附加任何政治条件；加强南北对话和合作，在商品、贸易、资金、债务、货币、金融等重要经济领域作出必要的调整和改革。

同时，中国就国际政治新秩序的内容作出了概括，包括：建立与以霸权主义和强权政治为基础的旧秩序根本不同的崭新的国际秩序；各国不论大小、强弱、贫富，都是平等的，都有权参与协商解决世界事务，而摒弃以大欺小，以富压贫和由一两个大国或几个大国垄断国际事务；承认各国都有权根据本国国情，选择自己的社会制度、意识形态、经济模式和发展道路，反对干涉别国内政，反对把某种特定的发展模式强加给别的国家；各国相互尊重主权和领土完整，必须坚持国际争端应通过和平谈判合理解决，而反对诉诸武力或以武力相威胁，反对武装入侵和用战争手段解决国际争端。

应当说，所有这些使得 1984 年成为中国外交史上最具理论思考和创新的一年。

## 二、新中国在世界外交舞台上

◎高举维护世界和平的旗帜

◎站在第三世界一边

◎坚持和平共处五项原则

中国的前途同世界的前途休戚相关。在动荡不安的世界上，在超级大国争雄称霸的国际外交舞台上，中国奉行独立自主的外交政策，不依附于任何大国或大国集团，不屈从于任何大国的压力，也不同任何大国结盟。我国外交的旗帜上写着两行大字："反对霸权主义，维护世界和平。"新中国成立 35 年来，新中国独立自主的外交，在世界上赢得了崇高的声誉，赢得了众多的朋友，保持了自己在国际交往中的尊严与形象。

实际上，新中国成立以来的中国对外关系史，就是一部反对霸权主义、维护世界和平的历史。

中国这种坚定而有原则的外交政策，得到第三世界各国人民的欢迎。沙特阿拉伯《阿拉伯新闻》指出："中国在国际事务中奉行了一种负责任的方针，它的政策显然为维护亚太地区的和平做出了贡献。"美国前国务卿基辛格说："像中国这样幅员广阔、这样重要、又具有这样悠久历史和巨大影响的国家，在国际事务中是一个举足轻重的因素。"而中国关于和平与发展的战略判断又把中国外交的这一立场上升到一个新的高度。尽管改革开放以来，中国明显地加强了与发达国家的友好往来和经济合作，但这绝不意味着中国对于第三世界国家的外交政策有任何重大的改变；相反，只是在更高的水平上创造更好的基础，坚持与第三世界国家的相互团结和支持。

这样一种持续性的政策立场，根源在于中国正确地认识到，战后国际形势的一个根本变化，是第三世界的崛起。过去曾是殖民地半殖民地的120多个亚非拉国家，摆脱了帝国主义和殖民主义的枷锁，以独立的姿态走上国际舞台，成为引人注目、举足轻重的力量。

与广大第三世界国家有着类似经历、面临共同任务的中国，一向把加强同第三世界国家的团结与合作当作自己外交政策的立足点。早在20世纪50年代，我国政府就不遗余力地为亚非团结和反帝事业而努力。1954年4月，周恩来总理不顾美蒋特务的威胁，亲自率团参加在万隆召开的第一次亚非会议。周总理提出亚非国家应求同存异，协商一致，加强团结，一致对敌，为会议的成功奠定了基础。这次会议产生的“万隆精神”至今仍有旺盛的生命力。周恩来广阔的胸怀和英明的远见，成为中国领导人对待和处理第三世界国家所面临问题的典范。

进入20世纪80年代，中国坚定地站在第三世界一边，最鲜明的例子莫过于围绕着1981年联合国改选秘书长所展开的斗争。当时，以美国为首的西方国家坚持要奥地利的瓦尔德海姆连任秘书长职务，而第三世界则提出由第三世界国家的代表出任。我国坚决支持坦桑尼亚外长萨利姆作为第三世界的候选人。在安理会的两轮投票中，中国否决了瓦尔德海姆的连任，直到最后大家接受了第三世界的另一位候选人、秘鲁的德奎利亚尔。一位非洲外交官员说："中国的否决对第三世界来说非常重要。这说明中国一直在尽它对第三世界国家的义务，也说明中国可以顶住美国。"

正是因为这样，1984 年的政府工作报告指出："第三世界是我们患难与共的朋友，长期维护这种珍贵的友谊是我们的重要义务。我们要经常对人民群众进行国际主义和民族平等的教育，使人人都尊重第三世界国家和人民……我们在反对霸权主义、帝国主义、殖民主义和谋求发展这样的根本问题上是一致的。中国愿意积极参加南南合作，支持南北对话，支持发展中国家建立国际经济新秩序的斗争。"

但是，也必须看到，第三世界国家间由于各种历史的和现实的原因而出现不少争端，而中国始终希望这些国家能排除外来势力的插手，本着互谅互让的精神，通过和平谈判，求得合理解决。在很长的一段历史时期内，国际关系曾是弱肉强食的状况，这给许多国家和世界人民带来了深重的灾难。要废除旧的国际政治秩序，建立新的国际政治秩序，就必须使互相尊重主权和领土完整、互不侵犯、互不干涉内政等原则在国际社会得到确认和贯彻。现在对这些原则的主要威胁，来自霸权主义者。为了维护世界和平与各国安全，必须坚决反对霸权主义。中国人民从历史的经验中懂得了：不同那些企图在全球或某一地区称霸的行径展开针锋相对的斗争，就会姑息养奸，使那些行径发展下去并蔓延开来，导致无穷的后患。我们从历史的经验中还懂得了：不同大国结盟有助于自己完全独立自主地执行反对霸权主义的方针，因为同大国结盟会妨碍我们抵制和反对对方的越轨行径，甚至还会被对方利用去反对另一些国家。

各国和平共处，不能只满足于彼此河水不犯井水。在国与国之间，不但要互相尊重主权和领土完整，互不侵犯，互不干涉内政，而且要积极地开展各个领域的友好来往，特别是要根据平等互利的原则不断扩大经济合作。同时，互相尊重主权和领土完整，互不侵犯，互不干涉内政，又为平等互利地进行经济合作，提供了必要的政治前提。

中国是一个发展中国家，同其他发展中国家有过共同的历史遭遇，今天又面临着加速国家建设的共同课题。新中国诞生后，我们一直致力于开展同其他发展中国家在平等互利基础上的友好互助关系。我们向它们提供了力所能及的援助，绝不附带任何条件，绝不要求任何特权，绝不把这种援助看作是单方面的赐予，而一贯认为援助是相互的。1984 年中国政府针对第三世界国家所展开的外交活动，就贯穿着加强经济技术合作的四项原则，即“平等互利、讲求实效、形式多样、共同发展”，其目的在于相互取长补短，以利于增强双方自力更生的能力和促进各自民族经济的发展。我国还强调不仅在中国同其他发展中国家间，而且在其他发展中国家之间，都进一步加强平等互利的经济技术合作。这种南南合作应该考虑到各发展中国家的不同利益和要求，使参加者各方都能受益，并且对最不发达国家的特殊困难给予优先照顾。

中国也愿意同发达国家开展日益密切和长期稳定的经济技术合作。许多发达国家拥有雄厚的资金、先进的技术，中国则拥有丰富的资源和广阔的市场，双方各有优势，彼此加强经济技术合作的潜力很大。关键在于遵守平等互利的原则，以达到共同繁荣的目标。

几年来，中国实行对外经济开放政策，在利用外来资金、引进先进技术、扩大对外贸易等方面，采取了一系列措施。我们还建立了一些经济特区，并决定把经济特区的某些政策和若干成功的经验运用于其他 14 个沿海港口城市和海南岛。我们的对外经济开放，是对各种类型的国家都开放。我们要通过对外经济开放来加快中国社会主义现代化建设的步伐，同时也要使前来投资和做生意的外商有利可图。因此，中国实行对外经济开放的指导思想，也是平等互利。胡耀邦曾经指出，中国实行对外开放政策，是经过郑重和审慎考虑的重大决策和战略方针，是长期不变的。如果一定要说它还会变化，那就只能是，越变越成熟，越变越完善，越变越有利于互惠互利地开展多种形式的对外经济合作，而绝不是相反。

如果说，在旧的国际政治秩序中，是大国欺侮小国，强国侵犯弱国，那么，在旧的国际经济秩序中，就是富国压榨贫国。中国坚决支持广大发展中国家建立国际经济新秩序的要求，为此邓小平曾亲自出席了 1974 年联合国大会第六届特别会议。我国主张按照平等互利的原则改革现存的国际经济秩序，这样做既有利于发展中国家经济的振兴，也有利于发达国家经济的发展，不论在经济上还是在政治上都具有重大意义。

五项原则是一个统一的整体，各项原则互相关联，不可分割。周恩来总理曾经指出，我们说的和平共处五项原则，就是说，要做到前四条，互相尊重主权和领土完整，互不侵犯，互不干涉内政，平等互利，才能实现和平共处。



为了实现国与国之间的和平共处，除了必须坚持互相尊重主权和领土完整、互不侵犯、互不干涉内政、平等互利等原则外，还必须反对军备竞赛，减少爆发世界大战的危险。目前世界上有不少“热点”，但最令人担心的问题是两个超级大国军备竞赛的加剧，特别是在欧洲地区核军备竞赛的加剧，这是对世界和平的最大威胁。

中国坚决反对军备竞赛，主张裁军，既裁减核武器，也裁减常规武器。我们认为，拥有全世界95%以上核武器的两个超级大国应该率先大规模裁减核武器。当前最紧迫的、第一位的问题是，促使美苏停止在欧洲和世界各地部署新的核武器，双方恢复谈判，达成大幅度裁减核武器的协议，在它们两家停止试验、生产和改进核武器，并就大幅度裁减核武器达成协议之后，可以召开具有广泛代表性的国际会议，就所有核国家共同裁减核武器的问题进行协商，中国作为核国家，也将按照有关的国际协议履行自己所应该承担的核裁军义务。中国还公开宣布：我们反对“核垄断”，不参加歧视性的“不扩散核武器条约”，但我们不主张也决不实行核扩散，不帮助其他国家发展核武器。我们希望核裁军能成为一个连续的、不停顿的过程，以逐步实现全面禁止和彻底销毁核武器的最终目标。当然，在反对核战争威胁的同时，也不能不警惕常规战争对各国造成的现实威胁。我们完全赞同关于核裁军应与常规裁军结合进行的主张。

为了创造有利于世界各国和平共处的环境，中国希望两个超级大国不但停止军备竞赛，而且应采取其他步骤来缓和彼此间的关系。必须充分估计到“大象打架，草地遭殃”的严重后果。中国愿意同其他国家一起，为争取缓和国际紧张局势（包括两个超级大国之间的紧张局势）作出新的尝试。

在长期稳定的国际和平环境中加速本国经济的发展，是中国人民和世界各国人民的共同要求。特别是广大发展中国家要坚决捍卫好不容易赢得的政治独立，又要尽快发展民族经济，用经济独立来巩固政治独立。在这种情况下，和平共处五项原则的提出和实施，反映了中国人民和世界人民的愿望，适应了国际形势的发展，顺乎时代的潮流。这也就是五项原则具有强大生命力的根本原因。

和平共处五项原则是作为旧的国际关系中以大欺小、以强凌弱、以富压贫那一套老做法的对立物出现在历史舞台上的。它要打破旧的国际秩序，为建立新的国际秩序奠定法律基础。30 年来的事实证明：五项原则不仅应该适用于社会制度不同的国家之间，而且也应该适用于社会制度相同的国家之间。只要遵守五项原则，社会制度不同的国家可以友好合作。如果违反五项原则，社会制度相同的国家也可以爆发冲突。现在，和平共处五项原则实际上已经成为举世公认的国际关系的基本原则，成为国际社会判断是非的标准。所有这些都充分显示了五项原则的重大意义和作用。

## 三、一年来中国对外关系的新进展

◎同英国签署关于香港问题的协议

◎积极加强同亚洲各国的友好合作关系

◎发展同苏联东欧各国的友好合作关系

◎加强同包括美国在内的发达国家的关系

◎加强同非洲和拉丁美洲发展中国家间的团结合作

◎积极开展多边外交活动

1984年是我国外交工作空前活跃的一年，也是独立自主的外交政策取得新的重大胜利的一年。中国在世界政治舞台上高举和平、友好和发展的旗帜，在维护世界和平、缓和国际紧张局势、加强友好来往、增进国家关系和发展经济合作等方面，开展了广泛的活动，取得了巨大的成就。

1984年正值中华人民共和国成立35周年，我国领导人在多种场合全面阐述了我国奉行的独立自主的和平外交政策，世界各国因而对我国在国际事务中的立场和观点有了更加深入的了解。1984年又是中国与印度、缅甸共同倡议和平共处五项原则的30周年，中国为此组织了各种形式的纪念活动。

针对苏美两国对抗的加剧、军备竞赛的轮番升级以及世界人民普遍不安的现实，中国希望苏美两国能够缓和它们之间的关系，要求它们双方进行认真的谈判，逐步裁减军备，明确提出反对冷战，主张缓和；反对敌对，主张对话。中国政府支持一切有利于缓和世界局势和维护世界和平与稳定的倡议和行动。

1984年，我国还表示，为了推动核裁军的进展，只要其他核国家都同意，我国愿意在联合国范围内或其他场合，就防止核战争、停止核军备竞赛和核裁军的问题交换意见。我国还向联大提交第一份裁军决议草案，呼吁制止外空军备竞赛，建议尽早达成协议，禁止研制、试验、发展、生产、部署和使用一切外空武器，直至最终全面禁止和销毁一切外空武器系统。我国的这些积极倡议，得到国际舆论的普遍赞赏。

1984年，是国家领导人出访最为频繁的一年之一，他们的足迹遍及美、欧、亚三大洲；同时这一年也是外国领导人来访最多的一年之一。据统计，1984年有26个国家的元首和政府首脑访问了我国，其中有19位是发展中国家的元首和政府首脑。通过这些高层来往和接触，我国同许多国家增进了相互了解和友谊，加强了同这些国家的友好关系，同来访的大多数国家签订了各种友好合作协定，特别是经济技术合作协定，扩大了同这些国家的合作领域和内容。在这一年11月1日，我国同阿拉伯联合酋长国建立了外交关系，这不仅使世界上同我国建交的国家数目增加到130个，而且也是我国发展同海湾国家之间关系的一个重要步骤。

1984年也是中国继续重视周边外交，坚持奉行睦邻友好政策的一年，因而中国同邻国的友好合作关系得到了进一步加强。朝鲜政务院总理姜成山访问了我国，胡耀邦总书记和金日成总书记也进行了互访。中朝双方的高层领导人就朝鲜半岛局势的长期稳定和朝鲜自主和平统一问题进行了深入的讨论，取得了完全一致的意见。

日本首相中曾根3月访问中国；接着中日21世纪委员会建立并召开了第一次会议；此后3000名日本青年来华进行访问和联欢。这是两国为贯彻21世纪长期睦邻友好的方针所采取的具体措施。中日都希望由两国老一辈人士开创的这种局面能够长期继续和发展下去，使21世纪成为中日两国更加友好的世纪。

中国同印度的关系在近年来改善和发展的基础上，继续保持好的势头。8月，两国签署贸易协定。9月，双方在北京举行第五轮官方会谈，双方在坦率、友好的气氛中讨论了边界问题和其他双边关系问题，并就共同关心的国际问题交换了意见。22日，万里副总理接见印度官员时说，两国之间存在的边界问题是历史遗留下来的问题，只要双方本着互谅互让的精神，通过友好协商，这个问题是可以逐步得到解决的。在边界问题没有达成协议以前，希望双方能够继续保持边界的和平与安宁，并进一步加强和发展在经济、技术、文化等各个领域里的合作。10月31日，印度总理英迪拉·甘地不幸遇刺逝世，我国政府和人民对此表示深切哀悼。我国派姚依林副总理作为中国特使去印度参加英迪拉·甘地总理的葬礼。11月4日姚依林在印度新任总理拉吉夫·甘地接见他时说：“最近几年，中印关系不断改善和发展。在这方面，英迪拉·甘地做出了贡献。对此，我们是不会忘记的”，“我们真诚希望中印关系能够进一步得到改善和发展，希望这种关系能恢复到50年代那样”。

我国同缅甸的传统友谊继续发展。缅甸吴山友总统、吴吞丁副总理访问了我国，我国国务委员吴学谦等访问了缅甸，中缅签订了经济技术合作协定。我国同不丹在北京举行的边界会谈，是在主权平等、互谅互让的基础上，在十分亲切友好的气氛中进行的。

1984 年 3 月国家主席李先念访问了巴基斯坦、约旦、土耳其和尼泊尔。李主席对这四国的访问，加强了我国同这些国家的友好合作关系，又一次显示了我国重视发展同第三世界国家的友好关系。这次访问达到了增进了解、相互学习、加深友谊、发展合作的预期目的。我国同其他亚洲国家的关系也有发展。

1984 年在中苏两国关系史上属于持续改善的一年。这主要表现在两国继续举行磋商和对话，并且两国的高级政府人员开始接触，贸易和文化交流也有所增加。1984 年 3 月中苏两国第四轮磋商在莫斯科举行；第五轮磋商 10 月在北京举行。在这两轮磋商中，双方都表示希望改善中苏关系，愿意在平等互利的基础上进一步扩大两国在经济、贸易、科学、技术、文化、体育和其他领域中的联系和交往。磋商是在坦率、平静和认真的气氛中进行的，双方认为磋商和对话是有益的，但对如何实现正常化，仍存在重大分歧。9 月，中苏两国外长在联合国举行了会晤，双方都表示了改善两国关系的愿望，这次会晤有助于增进相互之间的谅解。苏联部长会议第一副主席阿尔希波夫原定 1984 年 5 月 10 日访问我国，临行前一天，苏方突然以“准备不充分”为理由宣布推迟。西方舆论认为，苏方此举可能是表示它对里根访华的不满，同时也是为了支持它的盟国越南，因为从春天以来越南一直在中越边境不断地进行武装挑衅。但后来随着形势的变化，苏联也改变了原来的态度，因而阿尔希波夫于12月21日实现了访华。作为一个长期从事中苏关系工作的重要外交人士，阿尔希波夫在访华期间，同姚依林副总理进行了会谈，参观了广州、深圳等地，并且会见了陈云、彭真、万里、薄一波等中国领导人。12月28日，中苏双方签订经济技术合作协定、科技合作协定和关于成立两国经济、贸易、科技合作委员会协定。阿尔希波夫的这次访问是成功的，会谈也是富有成果的，他同中国领导人的会见对增进彼此之间的了解和中苏关系的发展具有重要意义，有助于促进两国关系的正常化。

中苏两国关系的改善还表现为双方之间的贸易额有很大增长，达到25亿瑞士法郎，比前一年增长了60%。在这样的基础上，11月30日中苏两国在莫斯科签订协定，规定1985年两国贸易额为36亿瑞士法郎；12月28日双方又决定把贸易额增加到46亿瑞士法郎，比1984年增长73%。同时科技、文化方面着手开展一些交流活动，民间往来也已恢复。这些为此后的两国关系发展确立了更好的基础。

与此同时，我国同罗马尼亚和南斯拉夫两国的友好关系继续向前发展。8月20日至9月5日，李先念主席率领我国党政代表团赴罗马尼亚参加罗国庆40周年庆祝活动，并对罗马尼亚和南斯拉夫进行国事访问。李先念主席对罗、南两国的访问是我国采取的一项重要外交活动，它使我国同罗马尼亚和南斯拉夫两国保持了传统的高级接触，双方就国际问题和双边关系深入交换了意见，交流了社会主义建设的经验，加深了相互了解，进一步密切了我国同这两个友好国家的关系。此外，中国国务委员兼外长吴学谦于3月下旬访问了南斯拉夫和罗马尼亚，9月国务委员兼对外经济贸易部部长陈慕华也访问了南斯拉夫，11月万里率领中共代表团出席罗马尼亚共产党十三大。以马尔科维奇为首的南斯拉夫共产主义联盟代表团也于5月访问了我国。双方高级党政人员的往来对促进彼此间的友好关系具有重大意义。

我国同波兰、匈牙利、捷克斯洛伐克、保加利亚和民主德国等国家的关系有了新的发展。我国国务委员兼对外经济贸易部部长陈慕华、国务委员兼国家计委主任宋平和其他政府人员分别访问了这几个国家，取得圆满成功。我国已同这几个国家分别签订了有关经济技术合作和贸易协定与协议，贸易额都有增长。我国还同波兰签订了领事条约，我国全国人大常委会随后于9月批准了这个条约。

匈牙利部长会议副主席马尔亚伊·约瑟夫于8月20日来我国访问。马尔亚伊来华访问是中匈关系中的一个重要事件，它使两国政府领导人的接触提高到了新的水平，有助于增进相互了解，对两国友好合作关系是一个新的推动。访问期间，双方同意签署五年贸易协定，增加了经济技术合作的项目。匈牙利对马尔亚伊副主席的访华成果表示满意。

1984年，中国同西方发达国家、特别是美国的关系，总的来说是向前发展的。1月我国总理访问美国，在访美期间签署了中美工业技术合作协定、中美科学和技术合作协定。里根总统4月来我国访问，中美两国政府签订了关于对所得税避免双重征税和防止偷漏税的协定等五项协定和议定书。通过两国政府首脑的互访和会谈，增进了双方了解，有利于促进两国关系的发展。在这一年里，双方经济合作和科学技术与文化交流进一步扩大。据美方统计，1984年中美双边贸易从上一年的44亿美元增加到60.69亿美元。美国在华投资总额超过7亿美元。美国政府在1984年下半年进一步放宽了对中国出口高级技术产品的限制，增加了可以自由对华出口的产品项目。

尽管如此，中美两国关系中仍然存在着台湾问题这个主要障碍。我国领导人曾经表示，希望美国不要做妨碍中国大陆同台湾统一的事情。但美国仍在继续执行《与台湾关系法》，1984年6月美国又向台湾出售12架C－130军用运输机，因此，我国政府领导人11月在会见美国参议院一个代表团时说，如果美国政府现在废除对台湾关系法还有困难，它至少要做到遵守“一个中国”的原则，不要做伤害中国人民民族感情的事；其次是遵守1982年8月17日中美联合公报的规定，在售台武器方面有明显的减少，在质量上不超过过去的水平。在贸易和科学技术转让方面，美方也还存在一些问题，如美对进口我国纺织品规定新的限制；在草签中美和平利用核能合作协定以后，美方又节外生枝地提出要就有关协定执行的问题确保同中方“取得充分的谅解”等。所有这些做法都不利于今后中美两国关系稳定持久地发展。

继这年1月访美之后，我国总理访问了加拿大，同加拿大政府领导人进行了建设性的、有成效的会谈。双方一致认为，进一步加强中加经济、技术合作，符合两国的利益，具有广阔的前景。此外，双方签署了中加投资保险协定和中国向加拿大购买卫星地面站合同。2 月，澳大利亚总理霍克访问了我国，就广泛的国际问题、双边关系和亚太地区的形势交换了意见。双方一致认为，会谈将使中澳关系更加牢固。1984 年，我国同西欧、北欧和南欧国家的关系有了迅速的发展。我国总理于 5 月 30 日至 6 月 10 日先后访问了法国、比利时、欧洲共同体、瑞典、丹麦、挪威和意大利。这次访问达到了加强友好合作、发展经济交流，促进世界和平的预期目的，为开创中国和西欧友好合作的新局面翻开了新的一页，对促进中国和西欧之间建立长期稳定的友好合作关系，维护世界和平，都将产生深远的影响。挪威首相维洛克于 11 月访问了我国，双方签署了中挪关于保护投资协定。

我国同联邦德国的友好合作关系在 1984 年进一步发展。当时的副总理李鹏访问波恩，签署中德和平利用核能合作协定，受到了联邦德国方面不寻常的欢迎。联邦德国派来我国的代表团也络绎不绝。德国社会民主党主席勃兰特和联邦德国前总理施密特也对中国进行了访问。所有这些访问，都推动了两国关系的发展，特别是促进了两国经济和文化的交流。10 月期间联邦德国总理科尔正式来华访问更是获得了丰硕的成果。对于这次访问，科尔总理说，目的在于发出一个信号：德意志联邦共和国和中华人民共和国友好合作将进一步深化和密切；两国在经济合作方面已经达成了一些协议，还有一些方面的合作正在商谈，相信不久会有重大成果。事实上，科尔总理的这次访华标志着两国关系进入了一个新时期，两国经济合作关系取得了进一步的成果。

中国同西欧关系中另一个值得注意的事态发展则是中国与荷兰达成了新的协议，两国外交关系由代办级恢复为大使级。1981年5月，中荷两国外交关系曾经重新降到代办级，这是由于荷兰政府批准向台湾地区出售两艘潜艇，从而干涉了中国内政，背离了1972年两国关系升格公报的原则。现在两国恢复大使级关系的基础，则是荷兰政府作出了不再向台湾地区出售武器的承诺，并且重新确认了1972年公报所规定的各项原则。应当说，1984年的这一外交结果对于中国人民来说是一个具有积极意义和值得欢迎的事态发展。

中国国家主席李先念于11月12日至16日访问西班牙，发展同南欧国家的关系，同样也是1984年中国对外关系中引人瞩目的一个方面。访问期间，中西两国签订了关于发展经济和工业合作的协定以及互设总领馆的协议，开始了相互合作的新时期。接着，李先念主席在16日至19日访问了葡萄牙；19日又访问了马耳他。这是我国国家元首第一次对南欧这三个国家的访问。

1984年是我国同非洲友好合作关系继续发展的一年。我国副总理李鹏访问了利比亚、突尼斯、苏丹、毛里塔尼亚。与此同时，还有许多国家元首和政府首脑前来我国访问。他们是尼日尔国家元首孔切（5月）、塞内加尔总统迪马夫（7月）、莫桑比克总统萨莫拉（7月）、赤道几内亚总统奥比昂（8月）、坦桑尼亚总理萨利姆（9月）、突尼斯总理姆扎利（10月）、布基纳法索总统桑卡纳（11月）、苏丹总统。与此相关，中国副总理田纪云访问了塞拉利昂、尼日利亚、贝宁、多哥、马里、利比里亚以及扎伊尔等国（11月至12月）。1984年我国还同许多非洲国家加强了经济合作。

1984年我国同拉美各国的友好关系进一步发展。厄瓜多尔总统乌尔塔多（5月）、巴西总统菲格雷多（5月）、圭亚那总统伯纳姆（6月）等来我国访问。我国国务委员兼外长吴学谦于8月访问了墨西哥、委内瑞拉、阿根廷和巴西四国。按照中国政府的说法，吴学谦外长这次拉美之行的目的是增进了解、加强友谊、扩大合作。在访问期间，我国同阿根廷签订了文化合作协定，同巴西草签和平利用核能合作协定，并就互设总领馆换文。此外，10月，我国还同哥伦比亚和智利分别签署1985年和1986年文化交流执行计划等。

1984年，中国继续积极地开展多边外交活动，获得了良好的效果。1月我国正式加入国际原子能机构，6月国际原子能机构理事国举行会议，指定中国等13个国家为下届理事国。9月国际刑事警察组织正式接纳我国为成员国。11月关税及贸易总协定理事会一致同意，中国列席今后的该理事会及附属机构会议。我国著名的法学家倪征当选为国际法院法官。

我国积极参加联合国各附属机构的活动，并且对国际社会面临的许多重大问题，特别是有关社会、经济发展的问题，提出自己的观点和建议，发挥应有的作用。例如我国常驻联合国副代表10月11日在联大第二委员会会议上发言，呼吁联合国成员国为建立一个公平合理的新的国际经济秩序和繁荣世界经济而共同努力，并就解决发展中国家面临的紧迫问题提出五点建议：第一，必须扩大和增加官方发展援助，首先保证多边援助机构的资金水平；第二，立即停止实行新的保护主义措施，消除国际贸易中对发展中国家的歧视性限制；第三，加强和促进国际货币和金融体系，以便解决发展中国家的困难；第四，债权国、国际金融机构及有关商业银行与债务国共同承担责任，寻求从长期着眼的综合解决债务问题的途径；第五，立即就解救非洲危急的经济困难采取协调一致的国际行动。1984年，我国还加入了一些国际条约，如加入《禁止细菌（生物）及毒素武器的发展、生产及储存以及销毁这类武器的公约》和《关于保护工业产权巴黎公约》等。

回顾1984年的对外工作，正如我国政府领导人在六届人大二次会议上指出的："我们既捍卫了我国的民族尊严和民族利益，又履行了自己承诺的国际义务；既发展了我国同其他国家的关系，又为维护国际正义和世界和平做出了自己的贡献。我国在国际事务中的影响更加扩大。"我国之所以能够如此，是因为坚定不移地执行我国宪法所规定的对外政策总方针，坚持把维护世界和平作为我国对外政策的主要目标，坚决主张使和平共处五项原则成为国际关系的普遍准则，坚定不移地把维护第三世界国家的权益作为自己的国际义务。一年来的外交实践证明，我国奉行的对外方针和政策是正确的。

# 结　语

1984 年已经过去 30 多年了。在那一年的 1 月 25 日上午，邓小平在深圳参观渔民村时，看到一幢幢别墅式住宅，了解到当时这个渔民村的人均月收入已经达到 439 元，比他的月工资还高时，十分兴奋，他多么期待全国人民都过上这样的好日子！他像是在对自己说：全国都达到这个水平，至少也要 70 年，到本世纪末，再加上 50 年，因为中国人口多。邓小平正是以其对中国改革开放的特殊贡献赢得了世界的尊重。次年，邓小平再度当选美国《时代》周刊年度风云人物，而这期封面文章配以“猫论”：不管黑猫白猫，捉到老鼠就是好猫。

深圳渔民村透视的是中国改革开放的伟大进程，30 多年后，或许我们可以总结出这样几条中国改革开放的基本经验：

（一）坚持不懈地探索中国自己的经济建设道路，要学习和借鉴其他国家经济建设的经验，但绝不能照抄照搬。在经济文化基础落后、人口众多的中国建设社会主义现代化，没有现成的模式和道路。不应该也不可能照搬任何其他国家的经验与模式，必须从中国的实际出发，走中国自己的建设道路，建设中国特色的社会主义。新中国成立以来，毛泽东、邓小平等老一辈革命家都始终不渝地坚持探索符合中国实际的发展道路，这其中既有失误的教训，也有成功的经验。例如，毛泽东在社会主义改造完成后，多次指出社会主义从根本上建成还需要相当长的时间；邓小平在改革开放以来多次提出要重新认识社会主义，澄清在人们头脑中存在的不切实际的或错误的社会主义观念，从中国的具体历史实际出发，重新认识中国社会主义的发展阶段和经济特征。总结正反两个方面的经验教训，中国共产党提出中国仍处于社会主义初级阶段，这个阶段的突出特征是社会生产力还不发达。所以，从根本上说就是要依靠发展社会生产力来解决中国面临的各种问题，坚持以经济建设为中心，把解放和发展社会生产力放在一切工作的首位。这是从理论和实践两个方面对几十年来社会主义建设探索的科学总结，凝结着中国几代马克思主义者坚持不懈的追求，体现了历经坎坷之后中国人民所取得的共识。

（二）坚持不懈地进行经济体制改革与体制创新，逐步建立符合中国实际、促进中国经济发展的经济体制。中国经历了从计划经济体制向社会主义市场经济体制转变这样一个巨大的历史性过程。社会主义市场经济体制取代高度集中的计划经济体制的根本原因，就是因为高度集中的计划经济体制严重束缚了中国生产力的发展。30多年轰轰烈烈的改革实践告诉我们，中国经济体制改革的根本出路就是建立社会主义市场经济体制，这是中国经济体制改革的大趋势，是中国经济发展的大趋势，是中国经济走向世界的大趋势。社会主义市场经济体制是中国改革开放事业发展实践的伟大创造。社会主义制度不仅可以与市场经济体制结合起来保障社会经济的正常运行，而且可以结合得更为紧密以促进社会经济的快速发展，中国改革开放以来经济的快速发展已经成为最好的说明。中共十八届三中全会进一步指出，要紧紧围绕使市场在资源配置中起决定性作用深化经济体制改革，坚持和完善基本经济制度，加快完善现代市场体系、宏观调控体系、开放型经济体系，加快转变经济发展方式，加快建设创新型国家，推动经济更有效率、更加公平、更可持续发展。

（三）坚持不懈地扩大对外开放，在经济全球化的大背景下为中国经济发展争取更大的空间和更好的条件。一国的经济发展不可能在一个完全封闭的环境中实现，参与国际经济分工和竞争，充分运用两种资源、两个市场，是实现本国经济高速发展的必要条件。改革开放以来，中国大规模地参与到国际经济分工和竞争之中，中国经济增长速度大大超过同期世界主要国家经济的平均增长速度。目前中国的经济总量已居世界第二位，许多产业都成为对世界经济产生重要影响的产业部门，中国已经成为名副其实的世界制造业大国，这就为中国迈向世界制造业强国奠定了坚实可靠的基础。中国正在以崭新的姿态向世界敞开大门，并在世界经济中发挥着越来越重要的作用。中国的发展离不开世界，世界的发展也离不开中国。当今世界格局正处在大变革的前夜，新兴经济国家逐渐形成了具有自身特点和时代特征的发展理念、发展模式和发展道路。中国是新兴经济国家的典型代表，要想在国际舞台上发挥更加重要的作用，就必须以更加积极的心态面向世界，适应经济全球化新形势，推动对内对外开放相互促进、引进来和走出去更好结合，促进国际国内要素有序自由流动、资源高效配置、市场深度融合，加快培育参与和引领国际经济合作竞争新优势，全面提升中国经济的国际竞争力和国际地位。

（四）坚持不懈地把人民群众的根本利益作为中国经济建设和经济发展的奋斗目标，将人民群众满意不满意作为衡量改革与发展的标准。中国是人民当家作主的社会主义国家，经济建设和经济发展说到底就是为了不断提高和改善人民群众的物质文化生活。改革开放以来，中国城乡人民的物质文化生活发生了巨大变化。无论是城乡居民实际收入水平、生活消费结构以及劳动条件和劳动环境，还是人民群众的精神文化生活、教育与医疗卫生保障等，都发生了巨大而深刻的变化。目前，全国绝大多数地区都解决了温饱问题，城镇居民已步入小康生活，一部分居民达到了比较富裕的生活水平；农村居民已经整体摆脱了贫困，开始步入小康生活。城乡居民的家庭财产普遍增多，居住条件大幅改善。随着国家经济实力的增强，对比较贫困的居民的生活保障能力也大大增强，越来越多的人民群众分享到了改革开放和现代化建设的成果。这是一个伟大的历史性成就，需要我们不断巩固和扩充，躺在这些成就上沾沾自喜就会脱离人民群众，而脱离人民群众则是危险的。全心全意为人民服务既是中国共产党的根本要求，也是中国改革发展的根本要求，任何时候都不应忘记人民群众的根本利益。

今天，中国的改革开放已经进入了一个崭新的历史时期。

中共十八届三中全会强调指出，改革开放的成功实践为全面深化改革提供了重要经验，必须长期坚持。最重要的是，坚持党的领导，贯彻党的基本路线，不走封闭僵化的老路，不走改旗易帜的邪路，坚定走中国特色社会主义道路，始终确保改革正确方向；坚持解放思想、实事求是、与时俱进、求真务实，一切从实际出发，总结国内成功做法，借鉴国外有益经验，勇于推进理论和实践创新；坚持以人为本，尊重人民主体地位，发挥群众首创精神，紧紧依靠人民推动改革，促进人的全面发展；坚持正确处理改革发展稳定关系，胆子要大、步子要稳，加强顶层设计和摸着石头过河相结合，整体推进和重点突破相促进，提高改革决策科学性，广泛凝聚共识，形成改革合力。习近平总书记强调，改革开放只有进行时没有完成时。改革开放中的矛盾只能用改革开放的办法来解决。要积极回应广大人民群众对深化改革开放的强烈呼声和殷切期待，凝聚社会共识，协调推进各领域各环节改革，努力把改革开放推向前进。改革开放是当代中国发展进步的活力之源，是决定当代中国命运的关键一招，也是决定实现“两个一百年”奋斗目标、实现中华民族伟大复兴的关键一招。

# 后　记

当举国上下庆祝中华人民共和国诞辰之日，全力实现中华民族伟大复兴的中国梦的历史时刻，我们不禁想起了 1984 年新中国成立 35 周年庆典的一个个镜头：那是多么欢欣鼓舞的国庆庆典啊！全国各族人民的脸上都洋溢着幸福欢快的表情，那是发自内心的欢畅；在那欢腾的学生游行队伍中突然打出了一块横幅，上面写着“小平您好”，这四个字是对邓小平崇高的赞许；无论是广大工人、农民、解放军战士，还是知识分子、青年学生、华侨华人，都怀抱着灿烂的梦想，表达着对新时代的无限期望和珍惜。

1984 年是我国人民心情舒畅、情绪高昂的一年。改革开放和现代化建设事业已经启动，举国上下一片沸腾，人民安居乐业，国家兴旺发达。大家发出了一个共同的心声：党的政策好！改革开放好！

1984 年是我国人民昂首挺胸、扬眉吐气的一年。国家的综合国力空前加强，工农业生产欣欣向荣，许多产品的产量大幅度提高，国民经济状况达到历史最好水平。特别是农村经济体制改革取得突破性进展，不少地方的农民把这场改革誉为“第二次解放”。我国按“一国两制”的方式顺利解决了香港问题，并为解决澳门问题、台湾问题提供了最佳范式。正因为如此，我们满怀热情撰写了这本书。

本书是集体合作的成果，贺耀敏拟定了全书的框架和写作大纲。全书内容的写作分工是：引言、后记，贺耀敏；第一部分、第二部分，贺耀敏、马强；第三部分，贺耀敏、王宏涛；第四部分，张小劲、卢春龙；第五部分，董国政；第六部分，齐鹏飞、张小晶、姜念涛；第七部分，张小劲、卢春龙。全书由贺耀敏最后修改定稿。

我们的写作态度是认真和严谨的，我们的写作心情是高昂和激动的。但我们知道，不足在所难免，欢迎广大读者指正。